超高齢社会の介護はおもしろい!

鞆の浦さくらホーム施設長
羽田冨美江
HADA Fumie

介護職と住民でつくる地域共生のまち

Bricolage

はじめに

これからの時代に求められる介護

「鞆の浦・さくらホーム」は広島県福山市鞆町《ともちょう》にあります。鞆町は瀬戸内海に面した小さな港町です。

２００４年にさくらホームを開所したとき、私はこの介護施設を拠点にして〝まちづくり〟ができればと考えていました。この町を、「介護が必要になっても、その人らしい暮らしが続けられる町」にしたいと思っていたのです。

介護施設がまちづくりに取り組むなんて、意外でしょうか？

けれど、私にとってはとても自然な流れで生まれた想いでした。

生活上の困難があっても「自宅に住み続けたい」「この町で暮らしたい」という人

はたくさんいます。

　そういう人たちの希望を叶えるには、地域に介護施設をつくって、そのなかで専門職が介護をするだけでは十分ではありません。年齢を重ねても、障がいがあっても、「この町には自分の居場所がある。地域の人に受け入れてもらっている」と思えるような町をつくっていく必要があります。

　そんなまちづくりをするために最も大切なのは、地域の人たちの協力です。

　さくらホームを開設した頃、町の人は「介護が必要になったら施設に入るのが当たり前」という感覚でした。施設に入った人は、地域で暮らしたいという想いがあっても、ほとんど施設内だけで過ごす人生になっていました。

　でも私は、鞆に住みたい人がずっとこの町で暮らせるように、「要介護のお年寄りも障がいをもつ人も、地域にいるのが当たり前」という感覚を地域の人たちにもってもらいたかったのです。私たちは、さくらホームが人と人をつなぐ「ハブ的存在」になるよう工夫しながら、誰もが地域の一員として暮らせる「地域共生」の町を目指して活動を続けてきました。

当然ですが、地域の人たちの意識や感覚がすぐに変わっていくことはありません。私たちの想いを理解してもらうには時間がかかりました。最初の5年は無関心との「闘い」でした。でも、5年が過ぎると徐々に変化が見えてきて、10年が経つと明らかに町の人たちの意識が変わっていくのがわかりました。また、全国から福祉・介護関係者が、さくらホームの取り組みを見学に来てくれるようになりました。

15年目を迎えた今は、住民の皆さんと一緒に、地域でともに暮らす豊かさを感じることができています。地域の力が高まり、「地域共生」のまちづくりを地域の人たちと一緒に進めているという感覚です。

最近、「地域共生社会」という言葉を聞く機会が多くなってきました。すべての人が住み慣れた地域で自分らしく暮らせる社会を目指そうという声が高まっています。町ごとに地域共生が実現していけば、地域共生社会が生まれます。本書でお伝えしたいのは、たった一人の想いからでも、誰もがともに過ごせるまちづくりを進められるということです。一人の介護職の意識が変われば、それが地域の力を高めるための第一歩になり得るのです。

私たちは、開所して10周年の節目に、さくらホームの理念や活動内容を冊子にまとめ、『介護が育てる地域の力』というタイトルで出版しました（２０１５年発行）。

本書は、その冊子をもとに大幅に加筆・編集したもので、地域での介護がどう変わっていったか、介護職と住民との関わりがどのように変わっていったかについても詳しく書いています。

この本が、地域共生社会の実現に少しでも貢献することになれば幸いです。

羽田富美江

目次

はじめに
これからの時代に求められる介護……3

序章
「地域の中で支える介護」ほど
おもしろいものはない……11

すでに「超高齢社会」が到来している町 12
「地域の中での介護」がもたらしたこと 14
地域で介護を支えるシステムとは 18
制度や仕組み以外に必要なものとは？ 20
介護職の働きかけが互助を育てる 22

第1章
「鞆の浦・さくらホーム」が
できるまで……27

義父の介護を通して気づいたこと 28
町に居場所がなければ、生きる意欲を失ってしまう 30
要介護の人が一番必要としているもの 32
理学療法士の自分にできることは何か？ 35
ボランティア活動で地域の中に入り込む 38
築３００年の商家を介護施設にしようと決意 40
認知症高齢者への無理解を思い知る 43
試練の日々が続く 45
目的が明確であれば、何があっても続けられる 49

第2章 一人ひとりにしっかり向き合う …… 53

利用者さんのために実践した3つのこと 54
建物の魅力を生かして癒しの空間に 55
相手の「暮らし」を支えるためのケアを考える 64
◆生活圏内にある4つの拠点 62
各地区に拠点をつくり、より支えやすい環境をつくる 67
「家にいたい」というお年寄りの望みを叶える 71
訪問は1日60回——小規模多機能で柔軟な支援を 74
お年寄りの生きる力を奪わない介護をする 80
終末期のケアに対する想いと迷い 82
最期までその人らしくいてもらうために 85
トップは理念を示し、スタッフは自ら模索する 88
◆Column 現場からの声①
介護職が「負ける」ことで見えてくるもの 石川裕子 92

第3章 地域の人たちとの関わり方……95

全体へのアプローチから個々のアプローチへ　96
介護スタッフが「地域の一員」になる　99
時間をかけて地域での支援体制をつくる　101
消極的な見守りが「続けたい役割」に変わる　105
誤解や中傷はどうする？　109
住民との関わりは模索の連続　110
「対応型」の情報発信　114
地域の人が主導する見守り活動　117
切れてしまったつながりを再生する　120
未来を担う子どもたちへのアプローチ　123

◆Column　現場からの声②
介護のおもしろさを伝えたい　旗手　隆　128

第4章 障がいをもつ人が「普通に」過ごせる町へ……131

障がいをもつ子どもたちのための居場所をつくる　132
地域ぐるみで、子どもを見守る　135
受け入れられることが、子どもたちの喜びになる　137
「どんなふうに接したらいい？」
戸惑う地域の人たち　138

障がいがあっても、どんどん町に出よう！ 141
多様な人が当たり前に過ごせる町へ 144
ノーマライゼーションは
「普通」の社会をつくること 146

第5章 地域共生を志す人へ 151

地域づくりを目指す介護職に伝えたいこと 152
地域での介護を充実させることで得られるもの 155
介護施設が実践するべき3つのポイント 158
地域共生のまちづくりは鞆の浦だからできている？ 162
自分のビジョンを言葉にし続ければ、仲間ができる 164
新たな課題に住民と取り組む
——鞆の浦まちづくり塾 165
「超高齢化」は地域共生を実現するチャンス 167

解説 172
おわりに 176

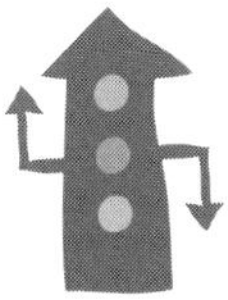

序章　「地域の中で支える介護」ほどおもしろいものはない

すでに「超高齢社会」が到来している町

鞆の浦・さくらホームがある鞆町は、広島県の東南端にあります。この辺りは古くから鞆の浦と呼ばれており、かつては海運の要所として栄えました。市内の中心部から鞆まではバスで約30分。町は急峻な山と海にはさまれており、せまく細長い土地に古い家が軒を連ねています。風情のある町並みが残っており、瀬戸内の美しい島々を望めることから、観光地として注目されていますが、住民にとってはいろいろと不便なことがあります。

町内にコンビニエンスストアはありますが、スーパーマーケットはなく、昔ながらの青果店や鮮魚店、精肉店、酒店などが数軒あるのみ。道路が狭いので車でのすれ違いに苦労するという問題もあります。そのため近年は人口減少に拍車がかかっています。主要産業であった漁業や鉄鋼業の衰退とともに若年層が町から流出し、1960年に1万3000人以上だった人口は、現在約3900人。ここ数年は、年間約

200人ずつ減少しています。

高齢化も深刻で、2019年の時点で高齢化率49・3%、後期高齢者の割合は約29%です。住民の4人に1人が75歳以上なのです。実は、これは、内閣府が推計した2065年の日本総人口に占める後期高齢者の比率と同じです。75歳を過ぎると、要介護認定を受ける人が増えていきます。つまり、何らかの支援が必要になるということです。46年後、高齢者介護に関しては、日本の多くの町が今の鞆の町と同じような状況になっているでしょう。鞆の住民は、これから日本にやって来る超高齢社会を一足先に体験しているのです。

今後、確実に到来する超高齢社会に対して、政府は強い危機感をもっています。介護の現場では、「何か対策を立てようにも、人手不足でそれどころではない」という声が聞こえてきます。

また、家族や自分自身の介護について想像し、不安になっている人もいるかもしれません。高齢で一人暮らしになったらどんな生活になるのだろう、もし認知症になったら自宅では暮らせないだろう……と将来を悲観している人は少なくないでしょう。

では、超高齢化が現実のものとなっている鞆のお年寄りたちはどんなふうに暮らしているのでしょうか。お年寄りを支える介護職や、地域住民は何を思っているのでしょうか。

「地域の中での介護」がもたらしたこと

まずは鞆で起こっていることを簡単にご紹介しましょう。

鞆には一人暮らしのお年寄りが多く、なかには認知症の方もいます。要介護4や5の方も珍しくありません。それでも、自宅で暮らしたいと思う人は介護施設に入居せずに、自宅で介護サービスを受けています。

さくらホームの利用者さんからは、

「あんたんとこがあるから、安心してここで暮らせるわ」

「これでわしらも、死ぬまで家でおれるなぁ」

と声をかけてもらっています。

要介護の方が安心して自宅で過ごせるようになったのは、スタッフが彼らを「地域の中で」支えようとしてきたからです。さくらホームの中だけでケアをするのではなく、利用者さんが自宅で暮らしながら、地域の人たちと関わりを持ち続けるための介護をしてきたということです。

介護において私たちが重視していたことは、利用者さんのこれまでの日常生活を知り、交友関係を把握すること。そうすることによって、どんなサポートをすれば利用者さんがこれまでに近い生活を続けられるかがわかります。生活の中で困難になっているところをサポートするだけではなく、切れかかっている人間関係の間に入って再構築することもあります。

具体的にどんな介護をしているかは2、3章でお伝えしますが、端的に言うと、介護職が利用者さんと深く関わるとともに、地域の人間関係の中にどんどん入っていったのです。これが「地域の中で」支えるということです。

この取り組みがあってこそ、誰もが暮らし続けられるまちづくりができると私は考えています。

なかにはそういった取り組みに戸惑うスタッフもいます。介護職の仕事は「介護施設内で」よいケアすることだという意識があるからだと思います。けれど、そういうスタッフも、地域での活動を続けるうちに、やりがいを感じるようになるようです。仕事内容を理由に辞めるスタッフはほとんどいません。

それは、地域の中で活動するうちに、利用者さんのみならず住民たちの変化を目の当たりにするからです。自分たちの働きかけによって町が変わると気づき、それがやりがいになるのです。

住民たちの変化についても少しお伝えしておきましょう。

鞆は住民同士のつながりが深く、昔ながらの地域コミュニティが残っている町です。ただ、介護が必要となり、介護サービスを利用するようになった人とのつながりは切れてしまう場合がほとんどでした。

私たちはそのつながりを維持するために、地域の人たちに働きかけました。

「介護のことは私たちが責任をもちます。でも、要介護になった人にはこんなふうに関わってくれたら嬉しいです」

そう言って、無理のない範囲で見守りや声かけをお願いしたのです。最初は「そんなことはできない」と言う地域の人もいました。でも私たちが熱心に活動している姿を見て、次第に多くの人たちが要介護のお年寄りを気にかけ、声をかけてくれるようになりました。

プロの支援に加えて、挨拶などご近所さんからのちょっとした関わりがあるだけで、利用者さんは安心して地域にいることができます。これまでの人間関係が維持されることで、地域の中に自分の居場所があることを実感しながら暮らしていけるのです。そうやって支援されながら自宅で暮らすお年寄りの姿を見て、地域の人たちは見守り、見守られることの大切さを実感したようです。

最近は住民たちが、自ら行動を起こすようになりました。見守りが必要な人の家を地図に書き込んで独自の「見守りマップ」をつくったり、毎朝ラジオ体操をするなどして見守られやすい環境をつくっています。

鞆の町で起こっていることを見ていると、私は介護職が「地域の中で支える」という視点をもつことの重要さを身に染みて感じています。

地域で介護を支えるシステムとは

介護保険制度の改正内容を見ていくと、「地域の中での介護」が重要事項の1つとしてとらえられていることがよくわかります。

さくらホーム開設の2年後の2006年には、全国に「地域包括支援センター」が整備され、地域住民の介護や医療に関する相談窓口となりました。また同年に、「地域密着型サービス」という介護サービスが新設されました。これはより身近な地域での生活支援を目的としたものです。その新サービスの1つ、「小規模多機能型居宅介護[※1]」は、自宅で暮らすお年寄りのニーズに応えるものでした。さくらホームでも、自宅で暮らしながらこの介護サービスを利用している方が多くなっています。

2012年には、厚生労働省は各自治体に対して「地域包括ケアシステム[※2]」の構築を義務化しました。これは、地域において「住まい」「医療」「介護」「予防」「生活支援」に関するサービスを包括的に提供する体制のことです。介護が必要な人を支えようとするとき、多職種の連携は不可欠です。それぞれの専門職がタッグを組んでこそ、本当に必要な支援ができます。

そして、2016年からは地域共生社会という考え方が強調されるようになりました。これは、お年寄りだけではなく、障がいをもつ人など、生活課題を抱えているすべての人たちを地域の中で支える体制づくりを目指そうということです。介護に加えて、育児・障がい・生活困窮に関する支援も地域で総合的に対応できるようにしようという流れです。

これまでは、各自治体が高齢者向けに地域包括ケアシステムを整備してきました。それを、より広範囲な支援ができるように進化させ、地域共生というビジョンを実現していこうと提唱しているのです。

さくらホームでも、真の地域共生を実現するには、高齢者の支援だけでは不十分と考え、2014年から障がいをもつ子どもたちの支援も行っています（詳しくは4章でお伝えします）。

私たちが取り組んできた活動と、国が目指そうとしているビジョンには重なるものがあります。そのことは私たちに勇気を与えてくれました。

しかし、同時に懸念もあります。なぜなら、システムができても、現場の専門職や地域住民の意識が変わらなければ、地域共生の実現は難しいと思うからです。

制度や仕組み以外に必要なものとは？

今、国は地域共生社会をつくるための仕組みとして、地域包括ケアシステムを機能させようとしています。しかし、システムをつくればうまくいくものばかりではありません。

自ら介護予防に取り組もうとする姿勢や、ご近所同士でこそ意味のある見守りや声かけは、住民の意識にゆだねられるところが大きいでしょう。それは、「公助・共助・自助・互助」の中の「自助・互助」に当たる部分であり、制度や仕組みだけで醸成するのは難しいものです。

国は、超高齢社会を乗り越えるためには自助や互助が重要だと強調してきました。

特に、住民同士が支え合う「互助」は、地域共生の実現には欠かせないものです。けれど、制度や仕組みをつくれば、互助が高まるというわけではないのです。

では、いったいどうやって互助を育んでいけばいいのでしょうか？

鞆では住民たちが自ら声をかけ合い、お年寄りを見守るという主体的な活動が生まれています。介護職が地域の中に入り、地域の中での介護を続けた結果、それを見ていた住民たちの中で、徐々に〝互助の精神〟が高まっていったように感じます。

鞆の町にはもともとお互いを「気にする」文化はありました。けれど、多くの人は介護が必要になった人にどう対応していいかわからなかったのです。

そこにプロの介護職が入ることで、住民の中に「ここまでは私たちが助けられるけれど、ここからはプロに頼ればいい」という感覚が生まれたようです。

支えられるところを支えるという「気負わない支援」をする環境が、介護職の働きかけによって生まれたのです。この「気負わない」というところが重要です。

支えてくれる地域の人たちにあるのは、「相手を助けたい、力になりたい」という強い信念ではなく、「誰かがせんといけんじゃろ」「近所におるからしゃあないな」という感覚です。

自主的な行動ではあるけれど、この町の互助には無理な緊張がないのです。だからこそ、継続していけるのだと思います。過去にも、鞆には互助に近い文化はありましたが、介護職がしっかりと地域に関わることで、新たな互助が構築されていると感じます。

介護職の働きかけが互助を育てる

地域の中に主体的な互助が生まれるまでには時間がかかります。鞆の場合は5～10年かかりました。しかし、専門職が地道に働きかけをしていけば、確実に住民の意識は変化し、互助は育ちます。

住民に働きかける役割を最も効果的に担えるのは、やはり地域の介護施設で働く介護職ではないでしょうか。拠点となる施設を町なかに置けば、利用者さんと関わりのある人たちとすぐにつながることができ、それ以外の住民とも接点をもつことができます。これは、一番身近な専門職として、住民に日常的に介護に関する情報を発信できるということです。利用者さんと地域の人を結び付け、地域住民とつながりながら、地域共生の土壌づくりができるのは「身近な場所にある介護施設の介護職」なのです。

地域に入り、利用者さんと向き合い、人間関係をつくっていくのは大変そうだと感じる人もいるかもしれません。

でも私は、地域の中での介護ほどおもしろいものはない、と思うのです。

地域での生活を支えようとすると、相手の人生そのものに関わることになります。要介護の方を介護サービスの対象者ではなく「住民」としてとらえ、地域の人たちとともに介護をしていると、変化に富んだケアができます。そして、そこで起きるさまざまなハプニングを職員間で共有して喜び合えることが、おもしろいのです。

最初の10年は地域の人たちとの葛藤もありましたが、今は地域の人はよき理解者となってきています。

何より、地域の中で介護をし続けることで住民の中に互助の精神が育つので、地域の人が介護職を支えてくれるような関係も生まれてきます。

さらに、住民の互助の精神は〝地域の力〟になっていきます。住民同士の連帯感が高まり、町への愛着が深まり、地域の課題を自分たちで解決しようという意欲が生まれます。

地域に入り込むという私たちの活動は、「誰もが地域に住み続けられるまちづくり」のために始めたことですが、地域の底力を高めることにもつながっているのです。

まちづくりは、私が開所当時から思い描いていたビジョンです。

ただ、その頃は介護職によるまちづくりの価値を、ここまで明確に言葉にすることはできませんでした。

当時はまちづくりというよりも、生きづらさを抱えながらも「鞆に住み続けたい」と願っている人の居場所をつくりたかったのです。

「支援が必要な人が、鞆の町で〝普通の暮らし〟をするにはどうすればいいか？」を考えた結果、出てきた答えがまちづくりでした。

普通の暮らしとは、自分の選択で行動できる自由、地域の中での役割、自分を認めてくれる人間関係が、当たり前にある暮らしです。そのためには、支援が必要な人への偏見をなくし、普通に関わり合い、支え合う文化をつくらなければならないと感じたのです。

そんな私の想いの原点にあるのは、「鞆が好き」というシンプルな気持ちです。鞆の町が好きで、鞆の人が好きだから、この町にいたいと願う人を支えたいと思ったのです。そんな個人的な気持ちから始まり、さまざまな出来事や出会いが重なって介護施設を立ち上げることになりました。

ここからは、さくらホーム立ち上げまでの物語や、私たちが実践しているケア、住民たちの変化などについて、物語りを交えながらお伝えしていきます。

※1 利用者の状況やニーズを考慮しながら、通い・訪問・宿泊のサービスを柔軟に組み合わせて提供する介護保険サービス。

※2 高齢者が住み慣れた地域や自宅で生活し続けられるようにするために、異なる分野の専門職・人材が連携できるような市区町村主導のケアシステム。

町並み

さくらホーム外観

第1章　「鞆の浦・さくらホーム」ができるまで

義父の介護を通して気づいたこと

私は兵庫県で生れ育ち、23歳のときに鞆へ嫁ぎました。実を言うと、最初はこの町のことがそれほど好きではありませんでした。

狭い町なので、人と人の距離が近く、隣近所の事情はすぐに伝わります。プライバシーを保てず、精神的な窮屈さを感じることもありました。特に仕事で忙しいときは、地元の人間関係を煩わしく感じ、あえて暗くなってから帰宅することもあったほどです。当時、私は自宅から離れた町の病院で理学療法士として働いていました。病気や事故で体が不自由になった人のリハビリテーションをする仕事です。

理学療法士は、自分の意志で目指したのではなく、父の友人の助言で選んだ職業でしたが、患者さんの日常生活を取り戻すための支援にはやりがいを感じていました。ただもちろん、病院で働いていたときは自分がのちに介護施設を開所するとは、夢にも思っていませんでした。

最初の転機が訪れたのは、１９９４年、私が38歳のときです。鞆で鉄工所を経営していた義父が脳梗塞で倒れ、半身麻痺の状態になったのです。脳外科の病院に入院中、義父はしきりに「鞆に帰りたい」と言いました。その後、鞆にある病院に移ったのですが、すると今度は「家がいい」と訴えます。自分の居場所は「鞆にある自分の家」なのです。最終的に義父は自宅で療養することになり、私がメインで介護をすることになりました。

それから約10年間、私は義父の介護をしたのですが、最初の1年は義父にとっても私にとっても、つらい日々でした。介護生活が始まった頃、私は義父を家にこもらせておいてはいけないと考え、義父の車椅子を押してよく散歩に出かけていました。でも、義父を見た地域の人はどこかよそよそしいのです。見て見ぬふりをする人もいました。

ある日、義父は行きつけの居酒屋に顔を出したがりました。いつもは私が用意した服を着るのですが、その日は自分で服を選ぶほど楽しみにしていました。

ところが居酒屋へ行くと、かつての飲み仲間たちは憐みの目を向けてくるのです。

まず出てくるのは「こんなになってしもうて、かわいそうに……」という言葉。義父を腫れ物にさわるように扱い、優しい言葉はかけてくれるものの、一緒に居づらいようで、すぐにいなくなってしまいます。

当時は町で車椅子の方を見かけることがほとんどなかった時代です。地域の人たちは義父にどう接したらいいかわからなかったのです。悪気があったわけではありません。けれど、今までのように受け入れてもらえないと感じた義父は、すっかり気落ちしてしまいました。そして、まったく家から出なくなったのです。

町に居場所がなければ、生きる意欲を失ってしまう

義父の介護が始まってから、私は介護老人保健施設（老健）にパートで勤めるようになっていました。

老健は、療養が必要な高齢者が入居する施設で、入居者は生活に必要な身体機能の回復を目指してリハビリをします。私はまさに義父のような人をサポートする仕事を

していたのです。私は、理学療法士としてのプライドをかけて義父にリハビリをしてもらおうと思いました。身体の機能が回復していけば、町へも出て行きやすくなるはずです。あれをしよう、これをしようと声をかけていたのですが、外に出る意欲をなくした義父は私の言うことなどまったく聞いてくれません。私が今までやってきたことが通じないのです。情けなくてしょうがありませんでした。

それからは、地獄のような日々でした。落ち込んでいた義父は、やがて怒ってばかりいるようになったのです。私を呼んですぐに行かなければ大声で怒鳴りちらします。夜中に何度も起こされるのは日常茶飯事でした。パートの仕事や子育て、家事をしながら、そんな義父の介護をするのは本当につらく、私はどんどん追い込まれていきました。

当時は自分がつらいという気持ちばかりでしたが、今はそのときの義父の気持ちが痛いほどわかります。

今まで「一家の長」だった自分が、あっという間に「家に迷惑をかける存在」になり、外に出ても知り合いからは「特別扱い」されてしまい、居場所がない。自分らしいことは何ひとつできない。生きている意味があるのか……。

悲しくて悔しくて、それを怒りで表現していたのでしょう。介護する側も、される側も「こんな暮らしは耐えられない」という気持ちでした。

要介護の人が一番必要としているもの

そんな生活になって1年ほど経った頃のことです。町は祭りの準備で賑わっていました。

鞆の町内にはそれぞれの地区に神社があり、四季折々の祭りがあります。今も昔も地域の人が協力し合って祭りの準備や運営をしており、住民同士の結束を高める機会となっています。

「私、準備してるところを見に行きたいから、お義父さんも行ってみん？」

と声をかけると、義父は、

「わしは行きとうないけど……」

と言いながらも一緒に出かけてくれました。

地域の人が祭りの準備をしている場所に顔を出すと、義父に声をかけてくれた方がいました。

「兄《あに》さんよう来たなぁ、こっち来てビール飲みない！」

義父の友人の息子さんでした。以前から義父が可愛がっていた方です。「飲みない」とは鞆の言葉で「飲んでください」という意味です。その方はごく普通に話しかけてくれたのです。

「ビールなんか飲ましちゃいけんじゃろ」

と言う方もいましたが、

「ええんです。家でも飲んどります」

と伝えて、義父と一緒にビールを飲んでもらいました。

そうやって過ごしていると、今度は、

「ずっとここにおって疲れんかの？」

と心配してくれた方がいたので、私は、

「このくらい大丈夫ですよ」

と伝えました。地域の人は、これまでと同じように義父に接すればいいとわかったようで、だんだんと自然に話しかけてくれるようになりました。

「兄さん、これは、昔はどうしとったんかな?」

「あれは、どうしたらええんじゃろうか?」

そんな問いかけに対して、義父も自然に答えていきます。そこには義父の居場所があり、義父らしい生きいきとした姿がありました。

義父が変わったのは、その日からです。

私があれほど声をかけても受け入れてくれなかったリハビリを、自らするようになったのです。

目を疑った私が、

「お義父さん、どうしたん!」

と聞くと、

「自分で動けるようにならんといけん」

と言って、立ち上がりや歩行の訓練をするのです。

町に自分の居場所があると実感した義父は、生きる意欲を取り戻したのでした。

地域の人に受け入れられることで、こんなにも変わるんだ――私は心底驚きました。

理学療法士の自分にできることは何か？

義父の介護を通して得た経験は、理学療法士として働いてきた自分にとって、まさに転機となるものでした。お伝えしたように、私は老健でリハビリを担当していたのですが、常々疑問に思っていることがありました。

リハビリをして身体機能が回復した人は自宅へ帰ります。しかし、数週間経つと、なぜか施設に戻ってくる人が何人もいたのです。

義父が地域で自分の居場所を見出せず、生きる気力をなくしていった様子を見て、私は「ああ、そういうことか……」と納得しました。

老健に戻ってきた人たちは、義父と同じように地域で受け入れられることがなく、家にこもるようになり、最終的に施設へ入らざるをえなくなっていたのでしょう。本人が自宅へ帰ったときに町に居場所がないようでは、安心して暮らしていくことはできません。地域住民が、病気の人や障がいをもつ人を「一緒に過ごすことはできない相手」と見なしてしまう限り、生きづらさを抱える人は地域で社会生活を営めないということです。

このとき、私は理学療法士を養成する学校で習った「ノーマライゼーション」という言葉を思い出していました。

ノーマライゼーションとは「高齢者や障がい者も、そうでない人と同じように日常生活を送れる社会を実現する」という考え方で、デンマークで誕生した概念です。すべての人が同じ地域でともに暮らせるようにするという点で、これまでお伝えしてきた「地域共生」に通じるものがあります。

理学療法士はリハビリの専門職ですが、そのリハビリはそもそもノーマライゼーションという考え方にもとづいています。誰もが普通に暮らせるように支援する仕事なのです。

しかし、支援が必要な人の身体機能を改善するだけでは、健常者と同じように暮らすことは実現しないのだと、私は思い知ったのでした。

支援が必要な人が地域で暮らすためには、住民に受け入れてもらうことが必要なのです。義父の場合は、祭りの準備の場で、今までどおり一緒に過ごせることを地域の人にわかってもらえました。

車椅子で不便はあるけれど、ビールも飲めるし、人柄は以前と変わらないということがわかって、地域の人も義父に対して普通に接してくれるのです。

大切なのは、理解してもらうということでした。そうすれば、義父は「かわいそうな人」ではなく、「地域の先達」となるのです。鞆の町に義父のような人たちの居場所をつくるためには、体が不自由でも一緒に過ごせるということを町の人にわかってもらえばいいんだ――そんな気持ちが私の中に湧き上がってきました。ちょっとした情報発信で人の意識は変わります。実際、義父に対する地域の人の意識は変わり、義父自身も変わりました。その変化を目の当たりにして、私は鞆の町はきっと変わると確信したのです。

鞆でノーマライゼーションを実現すること。それが、理学療法士である自分が果たすべき役割だと感じるようになったのです。

ボランティア活動で地域の中に入り込む

最初は地域のボランティアから始めました。

鞆の町には23の町内会があり、地域の活動は町内会長が中心になって行われています。私が義父の介護を始めた頃、鞆ではすでに高齢化が進んでおり、何人かの町内会長たちの呼びかけで高齢者を支えるための「ボランティア会」が発足していました。

私は介護のかたわら、そのボランティア会に参加し、さまざまな活動を行いました。体の不自由な人のために町内の施設に手すりをつける環境整備などをはじめ、小中学生に車椅子に乗ってもらい、町なかにどんな不便があるかを調べてもらったりもしました。地域の中でボランティア活動をしていると、自然と町の中で過ごす時間が多くなります。地域の人とふれあう機会も増え、同じ志をもつ人たちとも出会うことができました。活動の幅は徐々に広がり、地域の女性会では、認知症など生活が困難になる病気について話をするようになりました。病気を抱えている人はどんな気持ちなのか、彼らにとって自分の状態が理解され、受け入れられることはどれほどありがたいかということを伝えて、支援が必要な人の心情をわかってもらおうとしました。

またその頃、福山市の社会福祉協議会から、「地域の福祉を高める会」の立ち上げ要請があり、私はその活動にも深く関わるようになります。

会の役員として、地域福祉活動の１つである「ふれあい・いきいきサロン」（「いきいきサロン」）の運営に携わることになりました。「いきいきサロン」では定期的に地域のお年寄りに集まってもらって季節の行事などを行い、住民同士が交流する場所が生まれました。

ボランティア活動を始めてから、鞆の町の温かさや人間関係の豊かさにふれる機会が多々ありました。

義父の介護をしている私に親身になってくれる人もたくさんいて、車椅子の義父と一緒に散歩をしていると、いろいろな方が声をかけてくれるようになったのです。

「ちょっと見といてあげるから、あんたは少し休んどき」

「お嫁さんも大変じゃろうけど、がんばって」

そのたびに、私は胸が熱くなり、町の人に支えてもらっていることを実感したものです。お互いを気にし合う人間関係は、しがらみや誤解の原因になることもあるけれど、かけがえのない安心感につながります。

そんな支え合いの文化が鞆に息づいていることに気づき、私はこの町がどんどん好きになっていきました。

築300年の商家を介護施設にしようと決意

やがて、私にとって二度目の転機が訪れます。

この転機がさくらホームの立ち上げにつながるのですが、きっかけは町の古い商家が取り壊されると聞いたことでした。

古くから港町として栄えたこの町には情緒のある建物が多く、そのなかには歴史的価値が高いものも少なくありません。取り壊されることになったというその建物も、約300年前に建てられたという酢醸造業の商家でした。私は散歩で、よくその前を通っており、建物自体に不思議なぬくもりを感じていました。町の雰囲気によく合っており、大好きな鞆の風景の1つでした。

また、通りかかった私を、その商家の持ち主のお年寄りが招き入れてくれたこともあります。

私は江戸時代の雰囲気が残る内部の様子を見て、長い年月をかけてつくられるものの心地よさを感じました。

そんな建物が取り壊されて、駐車場にされるというのです。

「鞆の町並みに馴染んでいるあの建物がなくなるなんて考えられない……。何とかして守らんといかん！」

そう思った私は、建物を残す方法を考えました。近隣の病院を訪ね、商家を修理して介護施設をつくらないかと打診しましたが、首を縦に振ってくれるところはありませんでした。

それでも、どうしてもその建物を残したかった私は、決意したのです。

「じゃあ、私が買おう！」

土地と建物の売値は約３０００万円。しかも、老朽化した建物を修理するには、その倍の金額が必要です。

不動産業を営んでいた夫は、

「あんなもの、買うてどうなる」

と呆れ顔でしたが、私は一度決めたら譲らない性格です。すぐに行動に移しました。

お金は銀行から借りるしかないので、一人で相談に行きました。しかし、担保がないという理由で、どこへ行ってもまったく相手にされません。

落ち込んでいる私を見かねたのか、夫がアドバイスをしてくれました。国民生活金融公庫が女性起業家向けの融資を行っていることを教えてくれたのです。

早速、融資の申請をすることにしましたが、借り入れをするには収益を上げられる事業を運営しなければなりません。

そこで、有限会社を設立し、介護施設を開設することにしたのです。夫の助けを借りながら書類を作成し、窓口に何度も通って交渉した結果、なんとか融資を受けることができました。こうして想像もしていなかった展開で私は施設を立ち上げることになったのでした。

認知症高齢者への無理解を思い知る

「どんな人にも居場所のある町にしたい」という想いでボランティア活動を続けて、10年近くが経っていました。

よい時期に拠点立ち上げの機会が巡ってきたのかもしれません。しかも、鞆の町を300年近く見守ってきた建物が介護施設になるのです。

建物は町の中心部にあり、徒歩５分圏内に商店や飲食店、理髪店があります。建物の裏手からは、美しい海の景色を眺めることもできます。地域の人が集う場所として、理想的な立地でした。お年寄りにも覚えてもらいやすいように、名前は「鞆の浦・さくらホーム」という短くシンプルなものにしました。

私は、この施設をノーマライゼーション——地域共生のまちづくりを進めるための拠点にしようと決め、一日も早く開所しようと奔走しました。

しかし、何もかもがスムーズに進んだわけではありません。近所に介護施設ができることを快く思わない人もいました。確かに、かつては老人介護施設といえば、町はずれや山の上に建てるものというイメージでしたが、その頃になると市街地にも介護施設ができ始めていました。だから、町なかに施設をつくることがそれほど問題になるとは思っていなかったのですが、鞆のように家と家が近い町に施設ができることについて近所の人は不安に感じたようでした。

認知症のお年寄りに対する住民の無理解は、根強いものがありました。「認知症になると人格が壊れるから何をするかわからない」と思っている人が少なくなかったのです。

「タバコなどの火の始末はどういう対策をするつもりか」

「施設におる年寄りが外に出てきたらどうするんじゃ」などと聞いてくる人が何人かいました。スタッフがきちんと対応することを伝えても、納得できないようで何度も同じようなことを聞きにくるのです。

私は丁寧に対応し続けましたが、自分がやりたいことを地域の人に理解してもらうにはまだまだ時間がかかることを覚悟したのでした。

試練の日々が続く

スタッフ集めについては、友人や知り合いに声をかけ、「利用者さんと地域をつなげる介護施設にしたい」「誰もが住み続けられる町をつくりたい」という想いを説明しました。賛同してくれる人が次々と見つかりました。心強い味方ができたのです。

そして、２００４年４月、15人のスタッフとともに、さくらホームは開所しました。開所当初の事業内容は、認知症グループホーム※1（定員９人）とデイサービス※2（定員10人）です。

利用者は鞆に住む人限定にするつもりだったのですが、最初は地元の人からの申し込みはほとんどありませんでした。要介護になった人は、町から少し離れたエリアにある介護施設を利用するのが当たり前になっていたのです。

また、さくらホームが町の中心部にあり、自宅から近いということも敬遠される理由になっていました。町なかの介護施設を利用することで、自分の体の状態や、家の事情を近所の人に知られてしまうのが嫌だったようです。もちろん、鞆にいることにこだわらず、むしろ自宅から離れた場所で介護サービスを受けたい人は、遠くにある施設を利用するのがいいでしょう。それでも「介護が必要になっても地域で暮らしたい」「自宅のそばにいたい」という人は、さくらホームを選択することに価値を見出してくれるはずです。

私たちは「家族と結ぶ、地域と結ぶ、その人らしさを発揮できるホームにする」という理念を地道に実践し続けました。信念は行動で見せるしかないのです。

さくらホーム内だけでケアをするのではなく、地域とのつながりが切れないよう、利用者さんを町へ連れ出して一緒に散歩や買い物をしていました。すると、

「あんな状態の人を歩かせてええんか」

「見せ物にするんか」

という声が聞こえてきました。

また、デイサービスの一環として、一人暮らしの利用者さんが自宅で過ごしやすくなるように、ホームヘルパーと一緒に環境整備をしていると、

「家におらせるより、施設に入ったほうが安心じゃろう」

と言ってくる人もいました。

やはり「支援が必要な高齢者は介護施設内にいるべき」という感覚なのです。

しかし、見慣れた景色の中で過ごし、親しい人とのふれあいがあってこそ、利用者さんは安心できます。そういったことを理解してもらおうと、地域の人たちが集まる場所での情報発信を続けました。

民生委員の集まりや町内会連絡協議会へ出向き、時間をくださいとお願いをして話をさせてもらっていました。

これから高齢化が進んで認知症のお年寄りが増えていくので、受け入れる意識をも

つことが大切なのではないか。地域の中で支え合いながら、支援が必要な人でも居場所があるまちづくりを進めていく必要があるのではないか。

そんな話を私がすると、

「認知症が増えるわけない。わしらをおどす気か！」

「ここをボケ老人の町にするつもりか」

「あんたのとこで儲けたいだけじゃろう」

と言われたのです。これはさすがにショックでした。15年前は認知症についてあまり理解されていなかったということもあるのですが、そんな受け取られ方をするとは思ってもみなかったのです。こういったやりとりは一度や二度ではありません。さくらホームの活動に対して、

「ええことをしとると思ったら大間違いやぞ。近所迷惑なんじゃ！」

と怒鳴られたこともありました。

目的が明確であれば、何があっても続けられる

最初の頃は、悔しくて悔しくてよく泣いていました。悔しいのは、どこかで「この町のためにしてあげていることなのに」という気持ちが私にあったからでしょう。

今はそんなふうに感じることはなく、地域の人とともにまちづくりをしている感覚です。でも、当時はまだ「自分は支援をする（してあげる）側」という意識が多少なりともあったのだと思います。「いいことをしているのに、どうしてわかってくれないの？」という考えが悔しさにつながっていたのです。

ただ、すぐにわかってもらえないからといって、目的が変わることはありませんでした。わかってもらうことをあきらめたら、目指すまちづくりが実現することはないのですから。目的は、あくまでまちづくりなのです。地域共生のまちづくりのためには、支援が必要な人が町で受け入れてもらえるようにしなければならないし、そのためには時間をかけてみんなにわかってもらうしかないのです。

それでも、どうしようもなく落ち込むときがありました。そんなとき、支えてくれたのは夫や身近な協力者たちです。私が厳しい言葉を投げかけられても「ほっといたらええ」と言って励ましてくれました。また、夫は開所当初から経営管理においても支え続けてくれました。

悪戦苦闘の日々はしばらく続きました。

さらに悪いことに、開所して1年経った頃、私はくも膜下出血で倒れてしまったのです。救急車の中で意識をなくした私を見て、夫は「もうダメだと思った」そうです。病院で目が覚めたとき、私は半身麻痺になっていました。1か月間、ほとんど体を動かすことができず、座るのがやっとの状態でした。私はいろいろな人に支えてもらいながらリハビリに励み、なんとか体を動かせるようになりました。

退院してからは、杖をついて鞆の町を歩きました。障がいがある自分が町に出ることで、住民の「受け入れる意識」が育っていくはずだと思ったのです。

町の人たちは足を引きずりながら歩く私を遠くから見ていました。どう声をかけていいのか、わからなかったようです。

けれど、それでも歩き続けていると、

「歩き方がよくなってきたなぁ」

「うちに入って休んでいき」

と言ってくれるようになったのです。これは本当に嬉しいことでした。そして、行動し続けることで、地域の人の意識は変わることを再認識しました。

鞆の町なら、必ずノーマライゼーションが実現できる。それを信じて自分たちができることを続けていこうと思いを新たにしたのです。

開所を決意してから数年間は試行錯誤が続きましたが、思い返せば自分たちの目指す介護が徐々に形になってきた期間だったと感じます。

開所に向けて商家を改修するときは、利用者さんや地域の人が出入りしやすい「開かれた介護施設」になるよう工夫をこらしました。開所してからはどんなケアをすれば利用者さんの暮らしを支えられるかについて考え続けました。

そして、地域の人と対話を続けながら、どういう行動を起こせば施設が住民同士をつなぐ「ハブ」となり、地域共生のまちづくりにつながるかを模索し続けました。

ここまで書いてきたこと以外にも試練はたくさんありましたが、それでも私たちが活動を続けてこられたのは、目指すビジョンがしっかりと見えていたからです。目的が明確だったからこそ、覚悟をもって、小さなことを丁寧に積み重ねることができたのです。

第2章以降では、さくらホームがどんなことを実践してきたかについて詳しくお伝えしましょう。

※1　認知症がある人が少人数（5〜9人）で共同生活を送る施設のこと。入居者はできることは自分でやりながら個々に必要なサポートを受け、一緒に食事をしたり買い物に行ったりする。介護保険法上の名称は、認知症高齢者共同生活介護という。

※2　支援が必要な人が、可能な限り自宅で自立した生活を送ることができるようにするためのサービス。利用者は日中に自宅から介護施設へ通い、機能訓練や食事、入浴などのサービスを受けるとともに、自宅でより快適に過ごせるためのサポートも受けることができる。介護保険法上の名称は、通所介護という。

第2章　一人ひとりにしっかり向き合う

利用者さんのために実践した3つのこと

ここまで、地域共生のまちづくりを進めるためには、住民たちに支援の必要な人を受け入れてもらえるように働きかけることが大切だとお伝えしてきました。

けれど、そのことと同じくらい大切なことがもう1つあります。それは介護施設として利用者さんのためにできるケアを最大限に実践することです。

そういう基本的なことができていなければ、介護職の呼びかけが地域の人に届くことは決してありません。独居の高齢者や老夫婦世帯が多い町では特に、介護のことはすべて責任をもつという姿勢がないと、住民の信頼を得ることはできないのです。

利用者さんのために私たちが実践してきたことは、主に3つあります。

① さくらホームの建物を出入りしやすく、過ごしやすいものにする

② 一人ひとりに合ったケアをする

③ 町のどの地区からもアクセスしやすいように複数の拠点を設ける

常に念頭においていたのは、「利用者さんの生き方を大切にしながら、一人ひとりが地域とつながっていられるようにする」ということでした。そのために何をすればいいかを模索しているうちに独自のスタイルが出来上がってきました。それでは３つの実践内容について、詳しくお伝えしていきましょう。

建物の魅力を生かして癒しの空間に

最初に取り組んだのはさくらホームを「出入りしやすく、過ごしやすい場所にする」ということでした。買い取った古い商家は長い間手入れがされていなかったので、改修はかなりの大仕事です。

鞆の町に馴染んでいる外観の雰囲気はそのままに、地域の人が自然と中に入りたくなり、入ったら癒されるような空間にしようと思いました。

玄関から入って廊下を進むと、吹き抜けのあるホールがあります（❶❼）。吹き抜けの部分には複数の梁が交差しており、開放感と同時に木のぬくもりを感じられます（❷）。

ホールの右側にあるのはデイサービスで使う広間です（❻）。ここは造酢場があったところで、1本の木でつくられた太い梁をむき出しのまま残しました。

広間の入口の建具は町内の古民家から譲り受けたものです。ホーム内の建具は新品を使うのではなく、古い建物の雰囲気に合うようなものを集めてきました。

また、お年寄りが懐かしさを感じるような古い家具を置き、昔よく使われていた民具を飾りました。

床にワックスを塗ると音が反射するので、自然のままの板を使用し、壁紙も音を吸収するものにしました。声が反響すると利用者さんが落ち着かないからです。

ホールの左側にあるのはグループホームの居室です（❸❹）。すぐ脇に2階へ続く階段があり、2階にも居室が並んでいます。

階段をホールに設置したのはグループホームの利用者さんが外へ出て行きやすくす

❷

❶

るためです。デイサービスの場所にも近いので、利用者さん同士がふれあう機会も増えるだろうと考えました。

グループホームの居室は、なるべくもとからある壁を残すようにしました。電灯はオレンジ系の白熱球にして、蛍光灯にする場合は少し暗めにしました。天井はやや低くしています。どれも鞆に住むお年寄りの自宅の雰囲気に近くするためです。

他に重視していたことは「監視感のないようにする」ということです。これは建築士さんに何度もお伝えしました。建物がすっきり整っていて見通し

③

④

がよすぎると、認知症のお年寄りは監視されているように感じてしまいます。だから廊下はあえてまっすぐにせず、柱の位置なども工夫してもらいました（❺）。部分的に見通しがきかない場所をつくり、お年寄りが一人になれるような場所をつくったのです。

さらにもう一つこだわったことがあります。それは、あえて完全なバリアフリーに

しないこと。

玄関の上がりかまちの部分には低く幅広い式台をつけて、足を持ち上げて上がるようにしています。また玄関からホールへと続く廊下はゆるいスロープにしました。

立ち上がりや歩行を補助する手すりも最小限にしました。その代わり、柱や家具の配置を考えてそれらにつかまりながら歩けるようにしています。

これらはすべて、お年寄りの身体機能を維持するためです。建物の中に少し「バリア」を残し、日常生活の中でリハビリができるようにしたのです。もちろん、移動するときはスタッフが見守り、何かあればすぐサポートします。

お風呂は、酢の醸造に使用されていた大きな木の樽

を使って樽風呂をつくりましたが、これも足を上げてまたいで入るものです。木のぬくもりがあってよく温まると人気で、利用者さんは一生懸命足を持ち上げて入ってくれます。

また、鞆のための鞆らしいホームにしたかったので、鞆港の風景を描いた大きな油絵をホールに飾っています。これは鞆に住み、鞆の絵を描き続けた画家、藤井軍三郎の作品です（❼❽）。

さくらホームを訪れる人は、「ここに来ると何だかホッとする」「実家に帰ってきたみたいで落ち着く」と言ってくれます。

建物がもつ魅力を生かしながら、必要な機能をさりげなく盛り込み、利用者さんが安心できる空間をつくることができたと思っています。

階段からホールを眺める

ホールには、藤井軍三郎の鞆の浦の風景画が飾られている

拠点と地域のつどい場

▶**小規模多機能型居宅介護（本体事業所）**

登録人数 29 名

平均介護度 2.7

スタッフ数 21 名

鞆の浦・さくらホーム

▶**デイサービス**

登録人数 45 名、平均介護度 1.4

スタッフ数 13 名

▶**グループホーム**

登録人数 9 名、平均介護度 3.6

スタッフ数 11 名

▶**小規模多機能型居宅介護（サテライト）**

登録人数 12 名、平均介護度 1.6

スタッフ数 8 名

：いきいきサロン・コミュニティカフェ

：ラジオ体操の会場

生活圏内にある 4つの

▶放課後等デイサービス
登録人数 40 名
スタッフ数 11 名
さくらんぼ
（鞆の津ふれあいサロン）

さくらんぼ 星の家
▶重症心身障がい児の多機能型事業所
登録人数 16 名
スタッフ数 9 名

▶小規模多機能型居宅介護（サテライト）
登録人数 12 名、平均介護度 2.6
スタッフ数 9 名
鞆の浦・さくら荘
（いくちゃんの家）

相手の「暮らし」を支えるためのケアを考える

2つ目の実践「一人ひとりの利用者に合ったケアをする」についてです。

要介護の人にとって必要なケアは一人ひとり違います。自立支援を念頭におき、声のかけ方から、歩くときのスタッフの位置、使う食器の種類まで、その人に合う方法を理解しなければなりません。裏付けのあるケアをすることが大切なのです。利用者さん一人ひとりにしっかりと向き合わなければ、その人に合ったケアはできないでしょう。それを実践するのがプロの介護だと思います。それができてこそ、本人や家族から信頼してもらえます。

さらに私たちは、もう一歩進んで「その人らしい暮らし」を支えるために必要な介護を考えます。その人が今、地域でどんな暮らしをしているか、家族とはどう関わっているか、近所の人間関係はどうなっているか、暮らしの中で何を一番大事にしているのか。さくらホームのケアマネジャー[※1]はこれらのことを把握してから、その利用者さんの暮らしを継続するためにケアプランをつくるのです。

その人の暮らしを知るためには、ある程度一緒に過ごしたりして時間をかけて探っていく必要があります。相手の生活をじっくり見ていると、日常の中で一番大切にしていることや、これまでの人間関係が見えてきます。家族や友人、近所の人に話を聞くことで、その人らしさが見えてくることもあります。

人がこれまでの人生で大切にしてきたことはさまざまです。たとえば、近所の商店に買い物に行くことや、町のたまり場に顔を出すことなどがあります。そしてほとんどの場合、大切にしていることは人間関係をともなうものです。だからその関係が維持できるようなケアプランにするわけです。スタッフが利用者さんと一緒に、その人の馴染みの店へ買い物に行くことをケアプランに入れたり、利用者さんを送迎するときに、その人がよく行くたまり場へ行き、仲がよかった人たちと交流する機会をもつこともあります。さくらホームのケアプランは、介護保険サービスの選択肢を組み合わせるだけではなく、その人らしい暮らしや人間関係を維持するためのサポートも盛り込んでいるのです。

介護職の支援が入ることで、これまでその人を気にかけてくれていた人たちが離れていってしまうことがよくあります。もう専門の人に任せればいいと思うのでしょう。けれど、人間関係を失ってしまっては、その人の居場所がなくなってしまいます。

本人が要介護になっても、介護職が関わり方を提案することで、新たな関係性をつくることができます。介護職が人間関係の〝つなぎ役〟になるということです。これができれば、利用者さんは町に自分の居場所があり、まわりには自分を受け入れてくれる人たちがいると実感できるでしょう。

そして、介護スタッフはつなぎ役になろうとするなかで、利用者さんのまわりの人たち、つまり地域の人たちと関係性を築くことができます。彼らとコミュニケーションをとって顔を覚えてもらい、相談をされたら真摯に応えるようにしていると、徐々に信頼してもらえるようになり、次第に地域の人たちと連携できるようになるのです。

たとえば、介護スタッフが利用者さんの家を訪問したとき、

「今日は朝から歩いていたよ」

「昨晩はこんなことがあってね……」

ところが気づかない変化などについて教えてくれるようになります。

利用者さんには、自分らしい暮らしを継続するために地域とつながっていてもらう、介護スタッフは、そんな利用者さんの暮らしを支えるために地域とつながる。これを、さくらホームでは「利用者さんを地域化する」「スタッフを地域化する」と表現しています。この「地域化」を実践することで、介護施設自体が地域の中に入り込んでいくことができます。

その結果、地域の人たちの介護に対する考え方が大きく変化していくことになったのですが、このことについては3章で詳しくお伝えします。

各地区に拠点をつくり、より支えやすい環境をつくる

3つ目の実践は、「町のどの地区からもアクセスしやすいように複数の拠点を置く」ということです。62・63頁の地図をご覧ください。

さくらホームは、町の中心部にあるため、北の地区と南の地区からは少し距離があ

りました。町の北側と南側にも拠点となる事業所があれば、より身近な場所で暮らしを支える介護を実践しやすくなります。また、開所前にいろいろと相談していた町内会長さんからも「それぞれの地区に介護施設をつくってほしい」と言われていました。

それは、地区ごとに独自の文化があるからです。住民同士の「つながり方」は地区によって異なっていて、その違いは地域の祭りを見ているとよくわかります。地区ごとに別々の氏神を祀る神社があり、住民はそれぞれ違う祭りを行っています。祭りは住民のつながりをつくる大きな要素となっているので、地区ごとにつながり方が変わってくるというわけです。

これを考慮すると、各文化圏――つまり各地区に一つずつ介護施設があるのが理想です。自分の地区に拠点があれば在宅で介護を受けるようになっても安心ですし、身近な人たちが集まって交流する場にもなるでしょう。

開所後、一人暮らしのお年寄りや老夫婦世帯など、在宅支援が必要な人たちが多いことを実感していたので、早い段階で拠点を増やしたいと思っていました。そして2006年の介護保険法改正からその道筋が見えてきたのです。この年の改正で地域密着型サービスが導入されると、私たちはさっそく小規模多機能型居宅介護のサービスを開始しました。定員12人から始めたところ、数か月後には25人に増やすことになり、その後も利用希望者が増えていきました。

利用者さんの状態に合わせて、通いや泊まり、訪問を自由に組み合わせられる小規模多機能型居宅介護は、在宅を希望するお年寄りを支えるのに最適なサービスで、利用希望者も多かったのです。

私たちは小規模多機能型居宅介護の事業所を増設することに決めて、、２００９年に南の地区に「鞆の浦・さくら荘」を、２０１１年には北の地区に「さくらホーム・原の家」を開所しました。

さくら荘は普通の民家を改修して介護施設にしたのですが、すぐに近所の人たちが気軽に訪ねて来るようになりました。自宅に近い雰囲気があると、より利用しやすいようです。

原の家は新しく建てたものです。こちらは、外観が町並みに馴染むように壁の色などを工夫しました。こうして2つの新たな拠点ができたことで、鞆の町を地区ごとに支える環境が整いました。

さらに、さくらホームとさくら荘の中間地点にある「鞆の津ふれあいサロン」を、介護予防事業などを行う拠点とさせてもらうことになりました。ここは、もとは保育所だった場所でＮＰＯ法人が運営しているサロンです。のちにここで、障がいをもつ子どものための放課後等デイサービス事業所「さくらんぼ」を開所することになります。

最終的に４か所の拠点ができ、利用者さんの自宅から４００メートル圏内（生活圏内）には、いざというときに頼れるスタッフがいるという体制になりました。

生活圏内に介護スタッフを置くことにこだわったのは、私たちが「地域の介護に責任をもつ存在」になろうと決めていたからです。

利用者さんの地域での暮らしを支えるのなら、そこに責任をもつ者がいなければなりません。私たちがその姿勢を見せてこそ、ご本人は安心して地域で過ごせるし、住民もそんなお年寄りを受け入れることができます。

さくらホームは「24時間・３６５日、利用者さんのフォローをします」と断言しています。必要であれば夜中であろうと、利用者さんのもとに駆けつけます。また、地域の人にも頼ってもらえるように、日頃から「顔の見える関係づくり」を心がけています。利用者さんの近所の人たちを中心に「困ったことがあったら、いつでも声をかけてください」と伝えるようにしています。

「家にいたい」というお年寄りの望みを叶える

地域とつながるための拠点を整え、利用者さんの大切にしてきたことを尊重しながら「地域化」を実践する。そして地域での介護に責任をもつ存在になる。これが、私たちが実践している介護です。

さくらホームのスタッフにとっては、まず利用者さんが一番望むことを知って、地域の中での介護を模索することが、すでに当たり前のやり方になっています。

ここで、具体的にどんなケアをしているかについてご紹介しましょう。

さくらホームを利用する人は、輌で過ごしたいと思っている人たちであり、多くの人が在宅での暮らしを希望します。重度の介護が必要な人でも「どうしても家にいたい」と訴える人もいます。

お寺の敷地内で一人暮らしをしていたAさんもその一人でした。Aさんは長年お寺で働いてきた人で、住職一家と家族同然に暮らしてきました。しかし、骨折や心臓の手術で入退院を繰り返し、要介護となります。自分で歩くことはできず、移動は車椅子です。入院時には少し認知症の症状も出ていました。介護度は3、当時84歳でした。一時は別の介護施設を利用していましたが、「施設は嫌だ」「お寺の近くの自宅に帰してくれ」と強く訴え続けていました。

その後、さくらホームを利用することになり、私たちはどんなケアをするかを考えました。寝たきりの状態なので、普通はグループホームに入ってもらうのが最善策だと考えるでしょう。グループホームに入っても散歩をしたりして鞆の町で過ごすことはできますが、Aさんが一番大切にしたいことは明らかに「お寺の前にある自宅に住むこと」でした。本人の希望に応えるために、担当のケアマネジャーは主治医と相談して、在宅で介護をする24時間体制のケアプランをつくることにしました。

Aさんの在宅生活を支えるうえで最も重視したのは、お寺の住職一家との関係性です。ケアマネジャーが在宅介護支援をする旨をお寺に伝えると、お寺の人たちは少し困惑した様子でした。Aさんのことは気にかけているようでしたが「自宅に帰ってきても、いったい誰が介護をするのか」と心配していたのです。

ケアマネジャーは、彼らの不安を察して、

「Aさんのケアはさくらホームが責任をもちます。無理のない範囲で声をかけたりしてもらえますか」

と伝えました。お寺の人たちが理解を示してくれて、Aさんは自宅へ帰り、1日に5回の訪問と週2回の通いを利用することになりました。

Aさんが自宅に帰ってしばらくすると、ある変化がありました。

見慣れた景色を眺め、住職一家やお寺の檀家さん、近所の人たちとふれあうようになったAさんは精神的に安定し、認知症の症状がなくなったのです。表情も生きいきとしており、お寺の近くでの生活を楽しんでいるようです。特に、住職のお孫さんがAさん宅に顔を出してくれるときは本当に嬉しそうでした。その子は、小学校への登校時に必ずAさんに挨拶をしにくるのです。このお孫さんの日課がAさんの生きがいとなると同時に、安否確認にもなりました。スタッフが訪問する少し前にAさんがベッドから落ちて動けなくなっているところを、この子が発見したことがあったのです。すぐにさくらホームに連絡してくれて、スタッフが駆けつけることができました。

Aさんの在宅生活は、リスクがなかったわけではありません。

しかし、Aさんが本当に求めているのは自宅にいること。もとからある人間関係を生かす環境をつくりながら、介護施設としてできる限りのケアを続けたことで、Aさんの居場所を守り続けることができました。その結果、Aさんは寝たきりであっても最期まで自分らしい暮らしを継続できたのです。これは、スタッフが、利用者さんの希望を尊重し、「地域化」の価値を信じていたからこそ実現したことです。

訪問は1日60回――小規模多機能で柔軟な支援を

Aさんのように在宅を希望するお年寄りを支えるためには、1日に複数回の訪問が欠かせません。そのニーズに応えられるのが、小規模多機能型居宅介護です。利用料金が定額制であるため、訪問の回数を制限せずに、柔軟な支援ができるのです。現在、事業は原の家を小規模多機能型居宅介護の本体事業所とし、さくらホームとさくら荘をサテライトとしています。３つの施設の利用登録者は合計53人（２０１９年８月時点）。８割以上の人が一人暮らしか老夫婦世帯で、平均年齢は84歳。９割以上の人が認知症を抱えています。これが超高齢社会の現実です。それでも53人の利用者のうち、泊まりを利用されるのはわずかで１日平均６人です。38人のスタッフがローテーションを組み、訪問で対応しています。

本体事業所である原の家の利用者数は29人（介護度４・５の方は11人）で、１日にスタッフが行う訪問の数は合計60回以上になります。これだけの数になるのは、徹底して利用者さんの生活に合わせたケアプランにしているからです。原の家では、訪問を含め、通いや泊まりを利用する人の対応を１日11人体制で行っています。それぞれ状態が異なる利用者さんに対して臨機応変に対応するために、スタッフは業務の進め方や情報共有の仕組みをいろいろと工夫してきました。

原の家で実践している取り組みをご紹介しましょう。

1．勤務時間帯のバリエーションを増やす

原の家のスタッフの勤務時間のパターンは20種類以上あります。利用者さん宅へ訪問する時間に合わせてシフトを組むので、徐々に増えていきました。

管理者は、勤務時間帯の種類は「変動するもの」としてとらえています。今後新規の利用者さんが新たな訪問時間を希望すれば、また別の勤務時間帯を設ける可能性もあるのです。

2．その日の訪問の流れを把握できる一覧をつくる

毎日、その日の訪問先、時間帯、担当スタッフ、訪問先での業務を、A3用紙で一覧表にしています。

その表をクリアファイルに入れ、変更事項や追加情報があれば、その上から赤色マーカー（水性で修正できるもの）で記入します。この一覧表を見て、各スタッフはその日の自分の動きを確認します。

誰がどの利用者さんを訪問するかは、ご本人の希望を重視しています。初期の支援

のときに深く関わったスタッフを希望されることが多いので、そのスタッフを中心に3人くらいのメンバーでローテーションを組むようにしています。

3.グループごとにスタッフの動きを管理する

個々のスタッフの業務は、グループごとに管理しています。原の家では管理者の下に3つのグループがあり、それぞれにリーダーがいます。

各スタッフは2の一覧表でその日に担当する訪問を確認したら、自分のグループの勤務表に行動予定を記入していきます。グループごとの勤務表を見れば、どのスタッフが何時にどの利用者さんを訪問するかが一目でわかるようになっています。

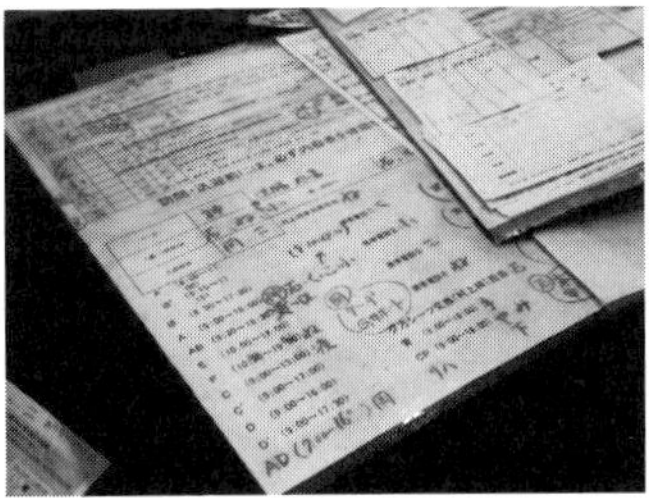

予定の変更、追加情報が書き込まれて、ほとんどピンク色になっているクリアファイル

リーダーはこの表を見て各スタッフが原の家にいる時間を確認し、通いの利用者さんのケア（食事・入浴支援）を振り分けたり、休憩時間を設定します。

4・利用者さんの情報を4種類の方法で共有する

よりよいケアをするために不可欠なのが、利用者さんに関する情報の共有です。情報がうまく伝わらないと、必要なケアができないばかりか、利用者さんの体調にまで影響してしまいます。確実に情報を共有するために、4種類の方法を考案しました。

ベースとなるのは「①基本情報ファイル」です。利用者さんの住所などのほか、支援内容の詳細や、自宅の見取り図、駐車場所についてなど、支援のために必須となる情報をまとめています。

基本的な内容はこのファイルを見ればわかるのですが、問題は日々変化する利用者さんの状況をどうアップデートしていくかです。そのための資料が残りの3種類なのですが、まずその日に訪問した利用者さんの状態が把握できるシートをつくっています。名前、体温、血圧、食事、服薬などの書き込み欄がある「②一日の利用者さん情報シート」です。

これには、支援内容の変更といった特記事項や申し送りも記入できるようになっています。これは主にリーダーが作成しますが、気づいた人が書き込むこともあります。

支援内容の変更が、長期的に続くものになった場合は、別途「③連絡事項ノート」に記入し、そのファイルを見ればいつ変更があったのかがわかるようになっています。これをもとに、定期的に①の基本情報ファイルを更新します。

さらに、緊急の伝達事項や注意事項が出てきた場合は、小さな用紙に記入して、「④伝言ボード」に貼り付けるようにしています。

①基本情報ファイル、②一日の利用者さん情報シート、③連絡ノート、④伝言ボードの４つの方法で、情報共有をしています。もちろん夜勤スタッフへの引継ぎやミーティングのときに口頭でも伝えています。

このようなスタッフの努力があって、小規模多機能型居宅介護でのきめ細かなケアが実現しているのです。

これまで情報の共有に紙の資料を使っていたのは、私たちに合った介護ソフトウェアがなかなか見つからなかったからですが、最近やっとぴったりのソフトが見つかり、スタッフが一人一台タブレットを持って業務にあたることになりました。

今後はより効率よく利用者さんの情報共有ができると思います。

お年寄りの生きる力を奪わない介護をする

スタッフは、在宅生活を望む人に対して、できる限りのケアをしていますが、これは「何でもやってあげる」ということではありません。

私たちは利用者さんの状態を見ながら、手を出し過ぎないようにしています。小規模多機能型居宅介護を利用する人は、生活の中で「どうしてもできないこと」と「工夫すれば自分でできること」があります。スタッフが、本人ができることの可能性を見逃さず、本人が実行できるような環境づくりをするのです。

さくらホームの近くに住むBさんは、喘息の発作で何度も入院をしており、在宅酸素療法を行っていました。さらに骨折で入院することになり、退院時の介護度は3でしたが在宅での一人暮らしは無理だと言われていました。

それでもBさんが望むのは自宅での生活です。Bさんにはさくらホームの小規模多機能型居宅介護を利用してもらうことになったのですが、まだ自力で歩けるBさんの身体機能を維持するために、できないことだけをサポートする方針にしました。

まずは家の中の環境づくりです。突っ張り式の手すりをつけたり、家具の位置を調整したりして、Bさんが自分の力で家の中を移動できるようにしました。こうすることで、生活の中でリハビリをすることができます。退院当時、Bさんはおむつを使用していましたが、通いでさくらホームへ来たときにトイレ動作のリハビリをして、自宅でもポータブルトイレを使ってもらうようにしました。

身のまわりのことはできる限り自分でしてもらい、何かあったらいつでも電話してくださいと伝えたところ、最初は夜中に転倒したり失禁したりして、電話がかかってきていました。緊急のときは、すぐに駆けつけますが、Bさんが自分で対応できそうなら電話でその方法を伝えます。本人が安心し、納得できるように、電話で３時間くらい話したこともあります。

やがて、Bさんは問題なくポータブルトイレを使えるようになりました。昼食と夕食は配達してもらっていますが、簡単な台所仕事はできるようになりました。

現在Bさんは87歳。介護度は２となり、骨折で入院する前の生活に近い状態を取り戻すことができています。

利用者さんの生活を支えようとするとき、介護職が先にまわって身のまわりのことをやってあげたほうがいいと思う人がいるかもしれません。でも、あるスタッフがこう言っていました。「何でもやってあげるのは、やさしさではなく自己満足」。

安心できる環境をつくりながらも、利用者さん本人の生きる力を奪うことのない介護をすることが大切なのです。

終末期のケアに対する想いと迷い

介護の延長線上に必ずあるのが、看取りです。開所してしばらくすると利用者さんの看取りをする機会が増えてきましたが、最初は迷いを感じることがよくありました。

もちろん、終末期に入った人に対して迷いのないケアができるように、万全の体制を整えています。本人の希望、家族のニーズを事前に把握し、どのような看取りにするかについて合意しておくことも大切にしています。利用者さんには、早い段階で馴染みのスタッフがさりげなく希望を聞くようにしています。「病院で延命治療は受けたくない」「死ぬときは一人でそっと逝きたい」など希望はさまざまです。本人の希望をふまえ、主治医や家族と相談して、その人の「看取りのケアプラン」を作成し、全スタッフで共有します。スタッフの中には看護師が４人おり、24時間対応ができるようにしています。

そうやって体制を整えていても、本人の気持ちを考えたとき、「これでよかったのか」と悩んでしまう看取りもあるのです。ずっと自宅で過ごしてきたＣさんは、自宅の仏壇の前で最期を迎えたいと言っていました。ある日、看護師が訪問に行くと、血圧が低下し脈が弱くなっており、最期のときが近づいていることがわかりました。

遠方に住む家族はすぐには来られないようで「看取る場所は自宅でもさくらホームでもどちらでもかまわないので任せます」と言われました。

私たちは迷いました。スタッフがずっとＣさんのご自宅に居続け、いつになるかわからない最期のときまで見守るというのは現実的に難しく、たびたび訪問をするしかありません。訪問するたびに、どこか寂しそうだったＣさん。スタッフの間で、看取りの場所にこだわらなくてもいいのではないかという話が出てきました。

「Cさん、さくらホームへ行こうか。行ってもいい？」

と問いかけましたが、はっきりとした言葉が出てくる状態ではありません。やがてご家族が到着しましたが、すぐに帰らざるを得ない状況でした。医師に判断を仰いだところ、動かすとしたら今しかないとのこと。結局さくらホームに移ってもらい、スタッフが交代でCさんのそばにいることになりました。最期は数人のスタッフでCさんを見送りました。

同じようなケースで、私たちの問いかけに対し「行きたくない」とはっきり言う人もいます。そのようなときは本人の意思を尊重しますが、Cさんの場合は私たちが判断することになったのです。

看取り後のケースカンファレンス[※2]で「本当にこれでよかったのか」「Cさんらしい最期だったのか」という議論になりました。意識がはっきりしている頃のCさんは、仏壇の前で死にたいと言っていたからです。

いろいろな意見が出ましたが、どちらがよかったのか今でもわかりません。ケアは、別の方法でやり直すことができますが、看取りはやり直しができない分、余計に悩んでしまいます。

私たちは、利用者さんの「その人らしい暮らし」を見つけ出し、それが維持できるように支え続けることはできます。その延長線上に、その人らしい最期があると思います。しかし、すべてが本当に最善だったのかは、わからないこともあるのです。

最期までその人らしくいてもらうために

何年経っても看取りの現場では試行錯誤の繰り返しです。それでも、さくらホームらしいケアによって、最期までその人らしさを大切にできたと感じる看取りもたくさんあります。たとえば、残された時間が充実したものになるよう、スタッフは終末期に入った利用者さんにさまざまな問いかけをします。

釣りが大好きだったＤさんには、スタッフが「釣りに行ってみませんか」と誘いました。Ｄさんも「行きたい」と言われたので、主治医から許可をもらって車椅子で出かけました。海に着くとDさんは目を輝かせます。釣竿をしっかりと握り、自分でリールを巻くこともできました。釣果はなかったものの、Dさんは終始嬉しそうでした。そして、その10日後にDさんは穏やかな表情で亡くなったのでした。

またスタッフの対応によって、地域の人の看取りに対する意識が変わったこともありました。Eさんは、住み慣れた家で過ごすのが大好きだったので、家族と相談し、最期は家で看取ろうということになっていました。終末期になり、さくらホームから自宅に帰ったのですが、その様子を見た親戚や近所の人から「入院させたほうがいいんじゃないか」という声が出ました。それは「できるだけの治療を施してやってほしい」という想いからです。

スタッフは一人ひとりと話して、自宅で逝くことがEさんの希望であること、家で看取りができるように万全のケア体制があること、何かあれば主治医がいつでも来てくれることなどを説明しました。何度も説明をして、最後には皆さんが納得してくれました。そして、Eさんの看取りは家族や親戚、近所の人たちが見守るにぎやかなものとなったのです。

数年前まで、地域の人たちにとっては病院で最期を迎えるのが当たり前でした。けれど、私たちが実践している看取りを実際に目にしたり、話を聞いたりすることで、地域の人たちは「こういう最期の迎え方もあるんだな」と受け止めてくれるようになっていったのです。ここ数年は、毎年10人以上の看取りに関わらせてもらっています。

トップは理念を示し、スタッフは自ら模索する

さくらホームのケアに興味をもった人から「スタッフの教育はどうされているんですか？」と尋ねられることがあります。

私は、ケアの指導について特別なことはしていません。スタッフは、ケアカンファレンスの中での意見交換によって学び、成長していくようです。

ただ、スタッフのケアについて、私が疑問を感じたときは、

「そのケアはよくないんじゃない？　どういう裏付けがあるん？」

と率直に尋ねます。そんな私の質問にスタッフが答えられなかったら、

「そんなこともわからんの？　専門職が！」

と叱るのです。すると、スタッフは自ら勉強してスタッフ同士で共有したり、講師を招いて勉強会を開いたりします。

専門職が裏付けのあるケアをすることは、当たり前のことだと私は思っています。そういう意識をスタッフにもってもらうために、厳しい言葉を投げかけることもありますが、基本的に細かいケアについては管理者や介護リーダーに任せています。

一方で、スタッフの「地域化」については、ことあるごとにその大切さについて伝えています。スタッフは忙しくなってくると、「地域へ出よう」「地域とつながろう」という意識が薄くなってきてしまうことがあるのです。しかし、そこを忘れてしまうと地域とさくらホームとのつながりが弱まり、まちづくりに結びつく活動ができなくなります。私は、さくらホームの理念がスタッフの意識に浸透するように、「地域化」の大切さを言葉にし続けなければならないと肝に銘じています。

開設当初、私はさくらホームが目指す介護を実践しやすいのは、地元出身の介護職だと思っていました。確かに、町内会長や民生委員とやりとりするときは、地元のスタッフのほうが信用してもらいやすいようでした。けれど、地域の人が家の事情などを相談しやすいのは、鞆以外に住むスタッフだったのです。距離感があるほうが話しやすいこともあるのでしょう。

それに気づいてからは、地元のスタッフと地元以外のスタッフの割合がよいバランスになるよう、意識的に調整していました。

さらに、ここ数年で実感したのは、地元以外のスタッフのほうが一生懸命地域へ入ろうとしてくれること。特に、さくらホームの活動に共感してここで働きたいと言って来てくれる人は、町に馴染もうと積極的に地域の行事に参加します。地域の人とつながる役割を果たしてくれるのは、意外にも地元以外のスタッフだったのです。

他方、地元のスタッフは、町の人間関係の濃さを知っているので深くつながることに躊躇しがちですが、ＰＴＡや地域の集まりなどでさりげなくさくらホームの活動について伝えてくれます。

それぞれに役割があると気づいた今は、スタッフの出身地のバランスについてはあまり深く考えていません。むしろ私自身がスタッフ全員にさくらホームの理念をきちんと伝えることが大事なのだと思うようになっています。

※1 在宅の要介護者を支えるために、介護保険サービスを中心にケアの内容を組み立ててケアプランを作成し、介護サービス提供者への連絡や調整を行う専門職。

※2 介護の事例検討会のこと。サービス担当者会議ともいう。介護サービスを利用した人がどのように変化したかやサービスが適切だったかについて話し合い、その後のサービスについて検討する会議。

さくらホームのスタッフと

お散歩の様子

Column

現場からの声①

介護職が「負ける」ことで見えてくるもの

居宅介護支援事業所管理者・ケアマネジャー
◆石川裕子

ケアマネジャーが最初にする仕事は、要介護の認定を受けた方のために医師や他の介護事業者と連携して、その方にとって必要な介護と暮らし方を考えていくことですが、私は介護保険制度の枠組みの中で必要なサービスを問題解決方式にあてはめていくというよりも、一人ひとりが地域で豊かに暮らすためにはどうしたらいいかということを大切にしています。

大学卒業後、私は老人保健施設（老健）でソーシャルワーカーとして働いていました。老健は在宅復帰を目指してリハビリをするための施設で、一定期間利用した利用者さんには退所を求められることがあります。そのとき、ご本人や家族から在宅で過ごすための方法を相談されても、当時の自分には支援の仕方がわかりませんでした。老健は、退所後1か月すれば再入所できるので、しばらくショートステイやデイサービスなどを組み合わせて利用してもらい、また入所してもらうという提案しかできなかったのです。

このままでは、ソーシャルワーカーとはいえないと思いました。施設側の視点で対応するのではなく、もっとご本人がもっている力を信じながら相手を支えていきたいと思うようになりました。

さくらホームで利用者さんの生活全体に関わるようになり、既存のサービスの枠内では対応しきれずに大変な思いをすることもありました。でもそんなときこそ、自分自身が大きく成長できたように思います。

あるとき、小規模多機能型居宅介護を利用されている方で、「泊まり」を利用する予定だったのに、「どうしても家に帰る」と言う方がいました。ご家族の了承を得たうえで、私がその方の自宅に行って一緒に過ごすことになりました。

その方は家に帰ると、とたんにお世話する側の顔になり、朝ごはんに何が食べたいかと聞いてくれたりするのです。そしてその夜、私はなんとその方より先に眠ってしまい、その方は寝る前にきちんとテレビも電気も消してくれていました。すっかりその方のペースだったわけです。

ホームに泊まってもらうことができなかったので、介護職としては「負け」かもしれませんが、相手のペースに合わせたほうがいろいろなことがうまくいくと気づいた出来事でした。

自分たちの力だけで何とかしようとするのではなく、介護職が上手に「負けて」いくことで、利用者さんとの関係ができていくような気がしています。私は、ご本人にとって何が一番よいかを一生懸命考え、こちらでどうにもならないことは、近所の方やお友だちに声をかけて助けてもらったりしています。お友だちが「○○ちゃん、さくらホームに行こうや」と声をかけてくださると、私たちの働きかけでは動いてくれない方が、腰を上げてくれるのです。

豊かなつながりの中で生きる

ケアマネジャーに声がかかるのは、認知症の症状が出始めていたり、身体的な不安があったりなど、何かしらの「つまずき」があるときです。けれど、こちらが目指すものが、その人にとっての豊かさを維持することであれば、不安を解消するためにすぐに施設に来てもらおうとは思わなくなります。「どうしたらもう少し地域の中にいられるかな?」と考えるようになるのです。

利用者さんと出会い、看取りをさせていただくまで、いろいろなことがあります。信念をもって利用者さんと関わっていても、本当にこれでよかったのか、もっとよい方法があったのではないかと悩むことも少なくありません。けれど、最期までまわりの皆さんと一緒に利用者さんを支え、その方らしい看取りができると、全員で富士山に登って山頂でご来光を拝んだような感覚になります。

さらに、その後も一緒に支えていた方々とつながり続けることができるのです。そのつながりの中で感じる豊かさも私の原動力の1つです。

地域の中で一人ひとりの生活を支えていくことは簡単なことではありません。思いもよらない問題が起こることもありますが、まわりの人にはたらきかけながら、それを乗り越えていくこと自体を楽しんでいけたらと思っています。

世代間の豊かな交流が地域の元気を支える
「おもちゃサロン」の会場で

第3章　地域の人たちとの関わり方

全体へのアプローチから個々のアプローチへ

本章では、さくらホームのスタッフが住民と具体的にどう関わってきたか、どのように利用者さんと住民をつないできたのかに焦点をあててお伝えしていきます。

まずは、これまでお伝えしたことを整理しながら、さくらホームが地域の人たちにどんなアプローチをしたかを振り返ってみたいと思います。

私たちのアプローチ法は大きく2種類に分けられます。

1つ目は「全体へのアプローチ」です。開所してから5年間くらいは、私が中心になって公の場で介護について話す機会を設けるようにしていました。町内の女性会や老人会、そして開所前から運営に携わってきた「いきいきサロン」で、認知症のお年寄りの気持ちや、見守りの大切さについて話していたのです。

また、認知症を理解するための勉強会を開き、地域の人に声をかけて参加してもらっていました。

この「全体へのアプローチ」によって、地域のお年寄りを支えることに関心をもってくれた人もいました。

しかし、「いきいきサロン」や勉強会には住民全員が参加してくれるわけではありませんし、認知症のことを知識として理解しても、地域の人たちはそれをすぐに実行に移してくれるわけではありません。

私たちは、次第に2つ目の方法「個々へのアプローチ」に比重をおくようになりました。

第2章でお伝えしたように、利用者さんをケアするとき、その人の人間関係を維持するためにスタッフは「地域化」を実践します。そのときに重要になってくる「利用者さんのまわりの人と関係性を築いていくこと」を、私たちはより丁寧に行うようになりました。どんな状況でも地域の人にはきちんと挨拶をして、利用者さんを訪問したら、すぐに帰らずに、近所の人と雑談をするようにしました。

利用者さんと散歩をするときは、出会った人と積極的にコミュニケーションをとります。

そうやって信頼関係のベースをつくりながら、認知症のお年寄りへの対応方法を少しずつ伝えるようにしました。

「あんまり反応がなくても、ゆっくり声をかけてもらえると○○さんは嬉しいんですよ」

買い物をするときも、店員さんといろいろなことを話します。

「同じ商品ばかり買い続けていたら、『昨日も買ってたよ』と○○さんに伝えてみてください」

「代金の払い忘れなどおかしいなと思ったら、まず私たちに連絡してください」などと伝えます。

そうすると、店員さんの対応も変わってきました。商店の店員さんに対しては、スタッフが折にふれてお店へ行き、日頃の見守りや関わりへの感謝を伝えるようにしています。

そして、利用者さんの状態が変化して何か解決すべきことが起こったときは、スタッフだけで対応しないようにしました。家族や支援してくれている人たちと相談し、

「じゃあ、今後はこうしましょう」と決めていくのです。これは、利用者さんに関わってくれる人たちの「支える気持ち」が消えてしまわないように、という配慮です。ケアの責任は介護職がもちながらも、まわりの人とのつながりが切れないようにすることをいつも考えています。

介護スタッフが「地域の一員」になる

「個々へのアプローチ」によって住民一人ひとりとの関係が深まってくると、スタッフは公の場で受け入れられやすくなります。

開所当初から私たちは、利用者さんを連れて町の行事や祭りに参加していましたが、やがて利用者さんもスタッフもそういう場にいることが自然になってきました。スタッフは当日だけ祭りに参加するのではなく、準備段階から手伝いをします。特に男性スタッフは力仕事で役に立つので、地域の人に重宝されています。

また、町内に住む男性スタッフは町の消防団に入っていますし、他にも「手を貸してほしい」と言われれば出向くようにしています。

これらの活動で得られるものは計り知れません。

まず、地域の人と一緒に汗をかくことで、スタッフは「地域の一員」だと思ってもらえます。同時に、自然と地域に知り合いが増えていきます。地域の中で介護をするときに応援団となってくれる「町のおせっかいおばさん・おじさん」や、住民に信頼されている町内会長さんとつながることができるのです。彼らはお年寄りの在宅生活を支援するときに、キーパーソンとなる人たちです。

また、町の人たちが集まる場で過ごしていると、町内の人間関係が見えてきて、利用者さんの暮らしを支えるために、誰に見守りや声かけをお願いすればいいかがわかってきます。

このような町の行事への参加が、スタッフにとってまったく負担になっていないとはいえません。でも、スタッフは「日頃、利用者さんのケアをするときに助けてもらっているのだからお互いさま」といって、業務の一部として参加し続けてくれています。

また、さくらホームで働くことを希望し、鞆の町に魅力を感じて移住してきてくれたスタッフたちは、自主的に地域の行事やイベント、伝統芸能の保存会などに参加しています。地元の若い人がめったに参加しない行事にも顔を出すので、地域の人に喜ばれているようです。

時間をかけて地域での支援体制をつくる

介護職が地域で丁寧に人と関わり、住民との間に信頼関係ができてくると、利用者さんのケアをするときに「地域の人を巻き込む」ことができるようになります。ただ、それは短期間でできることではなく、そのつど時間をかけて住民と丹念に関わってこそできることです。あきらめずに続けていると、地域の人が驚くような変化を見せてくれるのです。

地域の人たちの協力を得たことで、最期まで自宅で暮らせたＦさんの事例をご紹介しましょう。

Ｆさんは同居していた母親と弟を亡くし、一人で暮らすようになっていました。その頃から、いわゆる徘徊をするようになったようです。Fさんの住む地区には、面倒見のいい町内会長さんがいます。この方はいつも住民のことを気にかけており、地域の高齢者を支えるためのボランティア活動もしていました。私はボランティア活動をしている頃にこの町内会長さんに出会い、さくらホームを開所する前からいろいろと相談に乗ってもらっていました。

Fさんの異変に気づいた近所の人からその町内会長さんに相談があり、町内会長さんはすぐにさくらホームに知らせてくれました。Fさんはアルツハイマー型認知症だと診断され、介護度は3でした。当時の年齢は75歳です。私たちは町内会長さんと一緒に、Fさんの様子を見たり近所の人から情報収集をしたりして、Fさんの支援方法を考えていました。

Fさんは鞆生まれの鞆育ち。結婚はせず、長い間母親と弟との三人暮らしでした。洋裁の腕を活かして市内の洋品店からまとまった数の仕立てを受注するかたわら、鞆の人から個別に洋服の注文を受けていたそうです。

またFさんは猫が好きで、家には猫の写真や猫と一緒に撮った写真が数多くありました。当時も猫を飼っており、近所のノラ猫もＦさんによくなついているようでした。Ｆさんは、近所の人と濃密ではないもののほどよい距離で人間関係を築いていました。そして、猫の存在は生活に欠かせないものになっている様子でした。本人は積極的に自分の希望は言いませんが、私たちは「自宅にいることがＦさんらしい暮らしなのだろう」と感じていました。

しかし、離れて住む親族は「認知症でしかも徘徊をしているのだから、特別養護老人ホームに入所させたい」と言います。Ｆさんは毎日のように昼夜を問わず外を歩きまわり、出会う人に「ここは鞆ですか」などと尋ねていたので、地域の人も「施設に入ったほうが安心なのでは」と考えていたようです。

結局、近隣の特別養護老人ホームはどこも満室で数年待ちということがわかり、Ｆさんはさくらホームの小規模多機能型居宅介護を利用することになりました。

スタッフの訪問やホームへの通いで在宅生活を支えることはできますが、徘徊については別途対応をしなければなりません。認知症の人がウロウロしている様子だけを見ると、危ないと思ってしまいますが、その人が外に出て歩き回るのには、目的があります。

そこでさくらホームのケアマネジャーが町内会長さんと一緒に、Ｆさんがどのようなルートで何のために歩いているのかを探ることにしました。数日間Ｆさんと一緒に過ごした結果、Ｆさんは、ほぼ決まった時間帯に「母親を探して歩き回っている」ということがわかりました。歩くルートや範囲もつかめてきました。Ｆさんは食事どきや起床時などに母親がいないことに気づくと、外へ探しに出るのでした。

Ｆさんのなかでは母との暮らしがずっと継続している感覚なのです。家にいない母を探しに行くということは、Ｆさんにとっては意味のある行動です。もし禁止されれば、混乱を招くことになるでしょう。母親が見つからなくても、Ｆさんは一定の時間歩き回れば納得するようだったので、歩き回るのをやめさせるのではなく、ある程度自由に歩いてもらうのがよさそうでした。とはいえ、Ｆさんが家に帰れなくなったり、本当に危険な場所に行ったりすることは防がなければなりません。ケアマネジャーは、地域の人の力を借りながら、Ｆさんの暮らしを支える方法を考えました。

消極的な見守りが「続けたい役割」に変わる

まずは町内会長さんとケアマネジャーで、Ｆさんが歩き回る目的を地域の人たちに伝えました。そして、特別養護老人ホームに入居するまでの間、歩いているＦさんを見守る体制をつくろうと提案しました。住民たちにとって、徘徊する人を見守るのは初めての経験です。見守りを提案したときは「挨拶くらいならできるけど……」と自分たちが支えることに不安を感じた人もいたようでした。

Ｆさんに限らず、認知症のお年寄りとふれあう機会がなかった人たちが、最初から積極的に見守りをしてくれることはまれです。だからといってそこであきらめるのではなく、少しずつ無理のない範囲で関わってもらうことが大切です。

Ｆさんの場合、ありがたいことに町内会長さんが熱心に協力し続けてくれました。町内会長さんは、見守りの大切さを住民に伝え続けるとともに、Ｆさんが夜中に徘徊をしたときは、ケアマネジャーと一緒に探してくれました。町内会長さんが協力的だったのは、彼も、お年寄りが認知症になっても自宅で過ごせるような体制を地域の中につくるべきだと思っていたからです。その熱意に感謝しながら、スタッフは24時間体制でFさんのサポートを続けました。見守りをしてくれている住民にもそのつどお礼を言い、Fさんの状況を説明して、何かあったらすぐにスタッフが対応をすることを伝えていました。

何か月か経つと、地域の人たちの見守り方が変わってきました。Fさんの認知症の症状を理解し、適切な言葉をかけてくれるようになったのです。

Fさんがいつもと違う方向に歩いているときは、

「お母さんは家にいるかもしれんよ、帰ってみたら？」

と声をかけ、家の方に向かうようにうながしてくれます。そして、Fさんの様子がおかしかったら、すぐにスタッフや町内会長さんに知らせてくれるようになったのです。

その後、町内会長さんの提案で、近所の人が交代で昼間にFさんを訪ねてくれることになり、夜は向かいに住む人が気にしてくれるようになりました。近所の青果店、鮮魚店、酒店の人たちもFさんが通ると声をかけてくれます。

最終的に、同じ地区に住む約20人が、Fさんの様子を見守るようになりました。数年後、特別養護老人ホームに空きが出たという知らせが入ったとき、住民たちからはこんな声があがりました。

「Fさんは家におりたいじゃろう」

「このままみんなで見守っていけば大丈夫じゃないん？」

そして、Fさんは在宅生活を続けることになったのです。地域の人にとってFさんを見守ることは、日常の中の「役割」になっており、彼らは、その役割を継続しようと思ったのでした。

数年が過ぎ、Fさんに最期のときが近づいてきました。

私は、スタッフが常にそばにいるさくらホームで看取ったほうがいいのでは、と考えて地域の人に相談しました。すると地域の人たちは、

「ここまでみんなで頑張って支えてきたんだから、家で看取ろう」と言ってくれたのです。そして、Fさんは自宅で地域の人たちと猫に見守られながら、亡くなりました。地域の人から連絡を受けてスタッフが駆けつける前に亡くなったので、地域の人が看取ることになったのです。主治医は、それを聞いて驚いていました。

私は、住民の意識が大きく変化したことを実感しました。

地域の人に信頼されている町内会長さんが司令塔となってくれたこともあり、昔ながらの関係を超えた、この地区ならではの支援体制ができたのです。

地域の人たちにここまでの支援をしてもらうには、私たち介護職が彼らにとって「信頼される存在」にならなければなりません。利用者さんをケアするだけでなく、利用者さんを支えてくれる地域の人たちとお互い様の関係になることが大切です。それが、地域共生を実現する鍵です。

そして、決して支援を無理強いはせず、地域の人が自ら行動を選択できる、自由な雰囲気をつくることも大切だと思っています。

誤解や中傷はどうする？

介護職が地域での介護を実践するときに住民を巻き込もうとすると、いろいろなことが起こります。ときには地域の人を葛藤させてしまうこともあります。

ある女性は、近所に一人で住むさくらホームの利用者さんをよく訪ねていました。スタッフが決まった時間に訪問するのですが、それ以外のときに声をかけに行ってくれるのです。本人も喜び、スタッフも感謝していました。

ところが遠方に住む娘さんから「そんなことはするな」と言われたというのです。その娘さんからさくらホームにも、

「母にそんなことをさせないでください。責任がもてませんから」

と電話がありました。

実際に行われていることを娘さんが見れば、責任が発生するようなことをお願いしているわけではなく、地域の中の豊かな人間関係の表れだと理解してもらえるはずで

す。けれど、離れて住んでいることもあって、誤解が生まれてしまったのです。

また、地域の中にもいろいろなものの見方があります。支援をしてくれている人に対して、こんなことを言う人もいました。

「身内に施設に入っとる者がおるのに、他人の世話をしとってええんか」

「どうせ、ええかっこしたいだけじゃろう」

せっかく貴重なサポートをしてくれているのにつらい思いをさせてしまい、申し訳なく感じることも少なくありません。そんなときは「無理をして続けなくてもいいんですよ」とその人に伝えます。それでも、その支援は本当にありがたいことで、我々スタッフだけではなし得ない、かけがえのない喜びを相手にもたらすことになるということも、しっかりと伝えるようにしています。

住民との関わりは模索の連続

一方、私たち介護職も、葛藤を抱えることが多々あります。

専門職としての役割を果たしながら、ほどよい距離で住民にも関わってもらおうとするのですが、必要だと思う支援をした結果、利用者さんを取り巻く人間関係が変わってしまったこともありました。

中等度の認知症だったGさんのときのことです。

当時75歳だったGさんは、毎朝近所にある商店へ行き、店内にあるスペースで栄養ドリンクを飲みながら常連さんと世間話をするのが日課でした。そこは地域の人たちの「たまり場」となっていて、お店の奥さんはお年寄りに何か変化があると、すぐさくらホームに知らせてくれます。

Gさんの様子がおかしいと知らせがあり、その商店へ行ってみると、着衣失行（衣服が自分でうまく着られなくなること）が出ているようでした。ズボンの上にももひきをはいたその恰好のまま朝9時頃にお店を訪れていました。地域の人は「しょうがないなぁ」と言いながら着替えさせてくれます。失禁をしてしまったときも、地域の人が対応してくれていましたが、同時に嘲笑の対象ともなっていました。

Gさんに支援を申し出ましたが、本人は「何も困っていないのでほっといてほしい」

と言います。けれど私は、あきらかにおかしい恰好で外を歩くGさんをこのままにしておいては、Gさんの尊厳は守られないと思いました。私はスタッフと対応方法について話し合いました。もともとお洒落な人だったし、身だしなみを整えるのはGさんにとって大切であるはず。お店へ行く前に訪問して、更衣支援をするのがいいのではないか――これが、私からの提案でした。

スタッフからは、まわりの人が助けてくれているのだからこのままでよいのでは、という意見も出ました。どうするか迷いましたが、最終的に私が提案したケアを行うことになりました。

さくらホームの対応に、地域の人たちは安心したようでした。しかし、その後、地域の人たちはあまりGさんに関わらなくなってしまいました。Gさんは一人で黙って座っていることが多くなり、やがてそのお店には行かなくなりました。

こうなることはしょうがなかったのか、それとも支援せずにそのままのほうがよかったのかはわかりません。けれど、結果的にGさんと地域の人との関係性が変わってしまったのでした。

その後、私たちはどうしたらGさんがこれまでの人間関係を維持できるか考えました。ここで言う関係性は地縁だけではありません。Gさんはコーラスのサークルに入っていたので、そのサークルへ通い続けられるような支援をすることにしました。スタッフがGさんに付き添ってサークルに参加し、Gさんのケアをしながらサークルの他のメンバーとコミュニケーションをとりました。そばに頼れる介護職がいると、メンバーの皆さんは安心してGさんに関わってくれます。Gさんも、サークルに参加しているときは、いつも嬉しそうな表情を見せてくれました。

Gさんはサークルのメンバーと食事をするのが好きだったので、スタッフが飲み会を企画したこともあります。メンバーの皆さんに「さくらホームで飲み会をしませんか」と声をかけると、数人が集まって、スタッフと一緒にGさんを囲んで楽しいひと時を過ごしました。こうして、Gさんは介護度が5になってもコーラスサークルに通い続けました。

そして、亡くなったときは、お葬式でサークルのメンバーがGさんの好きだった曲を歌って送ってくれました。

私たちは、Gさんらしい暮らしを続けるためのサポートが少しはできたかなと感じましたが、そんなケアに行き着くまでは、多くの葛藤と模索があったのでした。

「対応型」の情報発信

さくらホームを開所して10年ほど経つと、私たちの活動を理解してくれる人たちが町全体に増えてきました。介護職がつなぎ役となることで、地域の人たちがお年寄りを見守ったり、支援したり、ときには看取ったりする機会を、10年間で数多くつくることができていました。その結果、住民たちは、さくらホームが実践する「地域での介護」を徐々に受け入れてくれるようになったのです。

同時に、私たち介護職の情報発信の仕方も少し変わってきました。

初期の頃は「全体へのアプローチ」で勉強会などを実施し、「個々へのアプローチ」で一人ひとりに向き合って関係性を築いてきました。今も一人ひとりの利用者さんや周辺の人たちと丁寧に向き合うということは変わらないのですが、勉強会などを自分たちで主宰することはほとんどなくなりました。

代わりに、地域の人から要望があったときに認知症の人への対応について話しに行くようになりました。親しい人や近所の人が認知症になったり、困りごとが出てきたときに、地域の人から、「どうやって対応したらいいのか」とスタッフに相談がくるようになったのです。そうやって相談してくれるのは、すでにスタッフと地域の人と信頼関係ができているからです。相談をするのは住民にとって何らかの「問題」が起きているときで、それを伝えようとすると批判的な言葉になることもあります。仲がよくない相手にそれを言うとなるとためらってしまうでしょう。

地域の人は、信頼している介護スタッフには自分の気持ちをそのまま伝えることができるのです。フォークダンスのサークルに通っていた人は、こんなふうに相談してくれました。

「○○さんは、何べん説明してもすぐ忘れるんよ。みんな私にばっかり任せるから、もう頭が痛くなるわ。どうしたらいいん？」

相談があるとスタッフはすぐに対応します。フォークダンスのサークルへ出向いて、認知症の人への対応方法ついて勉強会を開きました。

こうして対応型の情報発信をすると、地域の人は戸惑いながらも伝えたことを実践してくれます。支援が必要な人が目の前にいるので、すぐに行動に移せるのです。

地域の人からの相談内容が、さくらホームの利用者さんのことでなくてもスタッフは対応しています。支援が必要な人が、その後さくらホームを利用してくれるとは限りませんが、「何かあればさくらホームに相談すればいい」と思ってもらうことが大切なのです。最近は、認知症の利用者さんへの対応方法を理解したうえで、スタッフを気遣ってくれる人も増えてきました。

地元の囲碁サークルに利用者さんを連れて行くと、

「ずっとそばについとらんでも1時間くらいしたら迎えにきたらいいわ。なんかあったら電話するし。あんたらも忙しいんじゃろ」

と言ってくれます。

「自分らのできることとならするよ」と地域の人たちから言ってもらえるようになったことは、私たち介護職にとって大きな前進です。私は目指すまちづくりが少しずつ現実化できていると手応えを感じています。

地域の人が主導する見守り活動

もう一つ、地域の人たちが大きく変化したことがあります。それは、彼らが自ら「つながり合い、支え合う場」をつくるようになったことです。

これまで「いきいきサロン」は私が中心になって住民に声をかけ、手伝ってもらっていましたが、一緒にレクリエーションの企画をするうちに、地域の人が主体となって進めてくれるようになってきました。

サロンの数も増え、現在は鞆町内の各地区に10か所あります。さくらホームのスタッフが利用者さんをサロンへ連れていき、支援が必要になった人の居場所づくりに力を入れているのを見て、サロンの参加者たちは歳をとっても地域で暮らし続けるためにはどうすればいいかと考えるようになったようです。

そしてサロンに集まったとき、住民同士が地域で支え合うにはどうしたらいいかを

見守りを兼ねたラジオ体操。原の家の前で毎朝行われている

話し合うようになりました。

そこで生まれたのが独自の「見守りマップ」です。各地区のサロンで見守りが必要な人を共有して地図に書き込み、住民たちがそれぞれ誰を見守るかを決めたのです。サロンは住民たちの結束を高める場になっていきました。

さくらホーム・原の家がある地区に、新しくできたサロンに参加し始めた75歳の方がこんなことを話していました。

「ここに介護施設ができた頃は、私も元気にしてたから自分とは関係ないところだと思っとったけどね。サロンで原の家の人や近所の人と話すようになって、自分たちでもお互いを見守りながら何かあったら、ここ頼ればいいと思うようになったわ」

その方は、1日1回お互いを見守り・見守られる場をつくろうと考え、原の家の前で、毎朝ラジオ体操をしようと提案しました。介護施設の前なら、何かあってもスタッフに頼れるので安心です。毎朝近所の人が原の家に集まるようになり、もし来ていない人がいれば、あとで声をかけに行くようになりました。その活動が町内に伝わり、現在4つの場所でラジオ体操が行われています。ラジオ体操は見守りに役立つだけではなく、介護予防にもなります。さらに、目的をもって同じ場に集うことで住民同士の結束をより高めることにもなります。元気なうちにつながりができていると、要介護になってもお互いを気にかけて、自然に支え合うことができるのです。

他にも、「つながる場所」として、地域の人がコミュニティカフェを立ち上げています。これは社会福祉協議会の支援を利用したお茶飲み処で、現在町内に11か所あります。毎日オープンしているところもあれば、週1日だけのところもあります。

さくらホームでも、地域の人が集まれる場所を1か所運営していて、地元の人が絵手紙教室や英語教室を開いてくれています。

こうやって鞆の町でさまざまな取り組みが生まれ、それが継続しているのは、ある理由があります。それは、住民に〝高齢者〟が多いということ。ここでいう高齢者は、支援が必要なお年寄りではなく70〜80代の元気な人たちのことです。彼らは仕事で忙しくしているわけではないので、時間がたくさんあります。だからこそ、支援が必要な人の見守りや住民同士がつながるための活動ができるのです。これが、若い人ばかりの町だったら、見守りや支え合いが必要だと感じても、余分な時間がないために、すぐに行動を起こすことは難しいでしょう。これも超高齢化の町だからこそできることだと思っています。ネガティブにとらえがちな「高齢化」も、まちづくりの原動力になるということです。まずは高齢者の意識が変わることで、地域共生の文化ができていくのかもしれません。

切れてしまったつながりを再生する

今、鞆の人たちは、いろいろな場でつながりをもち、絆を深めていくことで支え合いの体制をつくっています。しかし、地域の中にはそのつながりの輪から少し外れている人もいます。

一人暮らしをしていた78歳のＨさんも、そんな人でした。私たちが支援に入ったとき、Ｈさんの家は荒れ放題で、いわゆる「ゴミ屋敷」の状態でした。

Ｈさんは次第に地域の人から距離をおかれ、遠方に住む家族とも疎遠になっていました。Ｈさんは食べ物をたくさん買い込んでは腐らしていたようで、家の周辺は臭いがひどく、近所の人たちが地域包括支援センターに相談していたようです。

さくらホームは、鞆を担当している地域包括支援センター（鞆以外の３学区も担当）と緊密な連携をとり、鞆のことで何かあれば一緒に対応するようにしています。Ｈさんの件もセンターと相談しながら対応することになりました。

ケアマネジャーがＨさんを訪ねたところ、Ｈさんは「支援はいらない。帰ってくれ」と言います。しかし、私たち介護職がつなぎ役にならなければ、Ｈさんは地域から完全に孤立してしまいます。

Ｈさんから強い拒否を受けながらも、ケアマネジャーは粘り強く毎日朝晩２回の訪問を続けました。２か月ほど経つと、徐々にＨさんの心もほぐれてきました。ケアマネジャーに信頼を寄せてくれるようになったので、私たちは自宅の片付けに着手することにしました。

そのために、まずは疎遠になっていた家族とHさんをつなぎました。遠方に住む娘さんに来てもらい、一緒に1泊旅行に出かけてもらったのです。

その間に大掃除です。さくらホームのスタッフをはじめ、地域包括支援センターの人や近所の人も一緒になって、大量のゴミを処理しました。

家に帰ってきたHさんが怒ってしまうかと心配していたのですが、きれいになった自宅を見て、Hさんは嬉しそうでした。

数週間後、Hさんが買い込んでいた食材でバーベキューをしました。みんなで食べていると、Hさんが突然、ボロボロと涙をこぼし、こう言ったのです。

「わし、これで第二の人生が送れる……」

Hさんの介護度は2で中等度の認知症がありました。荒れていく家を何とかしたくても、自分一人ではどうにもできなかったのでしょう。

Hさんにはさくらホームのデイサービスを利用してもらうことになりました。

最初はホームへ来ることを躊躇していたようですが、今ではデイのない日もホームに来て事務所でおしゃべりをします。「何か手伝わせてくれ」と言って、ホームの車の洗車を手伝ってくれることもあります。

さくらホームがＨさんの居場所の１つになったのでしょう。本当に嬉しいことです。今、Ｈさんのことは何人かの近所の人が気にしてくれていますし、スタッフが間に入ることで、商店の店員さんも支援を続けてくれています。

Ｈさんとあまり関わりをもっていない住民たちも、「あの人もちゃんと生活できるようになったんだ」と何となく安心しているような雰囲気です。Ｈさんを地域の一員として受け入れてくれているようです。

未来を担う子どもたちへのアプローチ

ここまでは町の「大人たち」へのアプローチについてお話ししてきましたが、私たちは子どもたちへのアプローチも重視していました。

鞆に住む子どもたちがどんな意識をもつかによって、町の未来が変わるからです。

私は、さくらホームを開所してすぐに、地元の小学校や中学校に「子どもたちに介護についての話をさせてほしい」とお願いをしていました。最初はなかなか受け入れてもらえませんでしたが、あきらめずにお願いしていると、子どもたちの前で話をする機会をもらえるようになりました。

初期は私が小学校や中学校で認知症について話をしていましたが、今はさくらホームのスタッフが鞆小学校で定期的にワークショップを行っています。このワークショップは4、5年生を対象とした体験学習です。器具を使って体を重くしたり、耳を聞こえにくくしたりして、子どもたちにお年寄りの気持ちを体感してもらうほか、さくらホームで利用者さんと交流してもらっています。5年生のワークショップには保護者も参加します。スタッフがお年寄りを理解することの大切さについて話したり、「お年寄りのいいところって何だと思う?」などと問いかけて、親子で考えてもらったりします。

子どもたちから素直な意見が出てくるなかで、親御さんの意識も変わるようです。

「うちのおばあちゃんを、もっと大切にしないといけないなと思いました」と感想を言ってくれる親御さんもいました。

幼少期に体験・体感することは、その後の価値観に大きく影響します。

子どもたちに「お年寄りが町にいること」が当たり前だと感じてもらうためには、一緒に過ごす機会をつくることが大切です。近所にある鞆こども園（幼稚園と保育所が一体となった施設）は、私たちと同じ考えで、さくらホームに遊びに来てくれたり、利用者さんをこども園に招待してくれたりしています。一般的に、幼い子どもたちは80～90歳くらいのお年寄りは見慣れていないので、怖がることもあります。でも、鞆こども園の子どもたちはさくらホームのお年寄りと何度もふれあっているので、普通に接しています。

もっと自然に子どもとお年寄りがふれあえる場をつくろうと、私たちは7年前から駄菓子屋も始めました。この駄菓子屋は地域の人がボランティアで運営してくれて、「お店番」をするのはさくらホームの利用者さんたちです。鞆にある唯一の駄菓子屋

一角には地域住民の始めたおむすび屋さんも

駄菓子の「あこう屋」の店員を努めるお年寄り

なので、たくさんの子どもたちが来てくれます。利用者さんが子どもたちを「いらっしゃい」と出迎えるのです。そうやって顔見知りになると、スタッフと利用者さんが散歩しているとき、子どもたちが「駄菓子屋のおばあちゃん！」と駆け寄ってくるようになりました。駄菓子屋での交流で、子どもたちにとってお年寄りが身近な存在になったのです。

ここ数年は、子どもたちだけではなく、地域の大人たちもこの駄菓子屋に立ち寄ってくれるようになりました。

親子や、孫を連れたおじいちゃん・おばあちゃん、近くのお店で働いている人、さらに一人暮らしの男性も来ます。観光客も駄菓子を懐かしがって店を覗いてくれるので、とても豊かな多世代交流の場になっています。お年寄りだけではなく、さまざまな人との交流は、きっと子どもたちにとっていい思い出になるでしょう。それは町への〝愛着〟になるはずです。

地域のお祭りで肝だめし

私たちは、地域のＮＰＯ法人、こども園、「地域の福祉を高める会」と協力して地元の子どもたちに向けていろいろなイベントを行ってきました。地域のお祭りに合わせて、大学生と一緒に肝だめしをしたり、子どもたちや保護者と一緒に忍者に扮して遊ぶ「忍者ごっこ」を企画したりしました。どちらも舞台は鞆の町です。子どもたちが町のお寺や神社、広場などで、地域の大人たちと一緒に楽しく過ごすことに意味があると思っています。

子どもたちは、大人になったとき、町を歩きながら幼い頃の体験を懐かしく思い出すのではないでしょうか。

私は、地域の中で可能な限り多様な「ふれあいの場」を子どもたちに提供することは、地域共生のまちづくりにおいて最も重要なことの1つだと考えています。そこで育まれる町への愛着や、一緒に過ごした人たちとのつながりから、大人になったときに「地域を大切にしよう」という感覚が生まれてくるのだと思うのです。

Column

現場からの声②

介護のおもしろさを伝えたい

◆旗手　隆｜さくらホーム・原の家管理者

私はさくらホームが開所したときにご縁をいただき、働き始めました。

さくらホームのスタッフを見ていて思うのは、「諸々を楽しんでいる」人が多いということ。経営者はもちろん、一緒に働くスタッフが、利用者さんや地域の方々との関わりを楽しんでいるように思います。

もちろん大変なこともたくさんあります。たとえば、小規模多機能型居宅介護のサービスは利用者さんのニーズに対して柔軟に対応できるのがよいところですが、そのぶん決まりごとをつくるのが難しいのです。多くの利用者さんの状態を複数のスタッフで共有していかなければならないので、細かな申し送りが必要です。

管理者として葛藤することも多いのですが、まずは一人ひとりに丁寧にケアをするということを第一に考えています。

「おもしろい」と「おもしろくない」の境目

「業務」が介護のすべてだととらえるのは、もったいないことです。利用者さんに向き合い、本人にとって大切なものをまるごと受けとめると、利用者さんと地域とをつなぐことの大切さ、家で暮らすことの意味がよくわかります。

そうすると、介護職が地域の中に入っていき、住民の方たちと関わることが当たり前になっていくのです。自然とお祭りの準備段階から参加するようになり、地域の集まりに呼ばれるようにもなります。そのなかで、おのずと人間関係ができていくのがおもしろいのです。介護をするうえでの貴重なサポートをいただくきっかけにもなります。

自分たちの行動を通して、利用者さんが地域住民とつながって生きいきと過ごされている様子を見る。また、地域自体の力がだんだんと育っていることを実感する。これらは自分たちにとって、大きなやりがいとなっています。

地域を巻き込んで、最期までご本人らしく生きるお手伝いをしていると、最終的にはその方の人生の一部になれるような気がします。もちろん、トラブルやハプニングは多々ありますが、みんなで力を合わせてそれを乗り越えることも、やりがいやおもしろさの1つ。単にお年寄りをお世話するということではなく、ともに生きている感じを楽しませてもらっています。地域とのプラスアルファの関わりを業務時間外だからといって敬遠していては、介護は「おもしろくなくなる」でしょう。

私は自分が要介護になったら、さくらホームのようなところでみてもらいたいなと思っています。私と同じように話すスタッフもいます。現場での介護を楽しむことができているから、そういう言葉が出てくるのではないでしょうか。

そういった介護のおもしろさは、理屈では伝えきれません。私は介護の世界に飛び込んでくる人たちに、自分自身が楽しんでいる様子を見せて、このおもしろさを感じてほしいと思っています。

「こんにちは！」「お変わりありませんか？」
地域に入り込み、丁寧に関わるところから信頼関係は始まる

第４章　障がいをもつ人が「普通に」過ごせる町へ

障がいをもつ子どもたちのための居場所をつくる

2014年、私たちは心身の障がいをもつ子どもたちのための放課後等デイサービス事業所[※1]「さくらんぼ」を開所しました。

私は、どんな人にも居場所のあるまちづくりを目指そうと決めたときから、障がいをもつ子どもたちのための施設も鞆につくろうと決めていました。支援が必要なお年寄りを地域の人たちに受け入れてもらうだけでは、ノーマライゼーション――地域共生のまちづくりは進みません。生きづらさを抱えた子どもたちも普通に過ごせるような町になってほしいと思っていたのです。

さくらんぼの事業所は、NPO法人が運営している鞆の津ふれあいサロンの一部を借りることになりました。このNPOの代表者は、地域の人から信頼されている町内会長さんです。

鞆の津ふれあいサロンでは、定期的にさまざまな催し物があり、住民が頻繁に出入りしています。地域の人が介護予防体操やヨガ、カラオケなどをすることもあれば、子育て支援のイベントなどもあります。

サロンの建物はもともと保育所だったので、広い運動場があります。また建物のすぐ横に海が広がっており、とても開放的な雰囲気です。ただ、いつも門を開けているので、子どもたちが道路に飛び出したりしないかが心配でした。衝動的に行動する子もいるので、一般的な障がい児施設では大抵、門を閉じ、鍵をかけているのです。町内会長さんに、門について相談したところ、「地域の人が自由に出入りできることを大切にしたい」ということだったので、門はこれまでどおり開け放しておくことになりました。そのかわり、スタッフが子どもたちをしっかりと見守ります。最初は少し心配でしたが、今まで子どもたちが道路に飛び出すようなことは起こっていません。

さくらんぼの子どもたちは広い運動場をかけまわり、のびのびと過ごしています。そして出入り自由な場所であるおかげで、さまざまな経験をすることができています。まず、サロンに来る地域の人たちと自然にふれあうことができます。さらに近所に住む子どもたちがよく来るので、彼らと一緒に遊ぶのです。

障がいをもつ子ももたない子も一緒になって、運動場にあるアスレチックやトランポリンで遊び、追いかけっこや水遊びをします。さくらんぼの子が近所の小さな子の面倒をみることもあるそうです。また、近所の子とさくらんぼの子が喧嘩をすることもあるとか。それくらい親しくなっているということでしょう。子ども同士は、本当に壁がないなと感じます。

さくらんぼの子どもたちは、地域のイベントにも参加しています。祭りで地元の子どもたちと一緒に御神輿をかつぎますし、町の人気イベント「忍者ごっこ」にも参加します。地元の鞆こども園の夏祭りでは、毎年駄菓子の販売もしています。

身体障がいや発達障がいをもつ子どもたちは、さまざまな生きづらさを抱えており、自分の居場所がないと感じる子もたくさんいます。さくらんぼに来た子どもたちは、まずは近所の人とのふれあいを通じて徐々に鞆の町に馴染んでいき、少しずつこの町が彼らにとっての居場所となっているようです。

地域ぐるみで、子どもを見守る

開所したばかりの頃は、さくらんぼに来る子どもたちは遠方に住む子がほとんどだったのですが、次第に地元の子どもたちの利用も増えてきました。

また、さくらんぼには輌在住のスタッフもおり、放課後等デイがどんな施設なのかを地域の人に話したりしてくれているようです。それもあって、さくらんぼは次第に住民にとって身近な存在になり、地域の人たちは、さくらんぼの子どもたちと自然に関わってくれるようになっています。地域の人たちは、自転車で町を走る子どもたちを見守ってくれますし、町の中で子どもたちがかくれんぼをしていると、「こっちに来て隠れるといいよ」と声をかけてくれます。子どもたちが運動場でサッカーしていると、しょっちゅうボールが海のほうに飛んでいってしまうのですが、そんなときは地元の漁師さんが漁船からボールを拾って届けてくれます。

また、夏に子どもたちがモーターボートから海へ飛び込む練習をするときは、漁師さんがそばで見守ってくれることもあります。近所の子が海で遊んでいるのを見守るような感覚でいてくれるのだと思います。

さらに、障がいをもつ子を積極的に理解しようとする地域の人たちもいます。

さくらんぼに通う高校生のIくんは重度の知的障害がありました。Iくんは、引っ込み思案でなかなかみんなの中に入っていけない子で、よく一人で好きな絵を描いていました。高校3年生になり、卒業をひかえたIくんは書き溜めた絵をみんなに見てもらおうと、思い切って個展を開くことにしました。鞆にある「鞆の津ミュージアム」内のカフェに、彼の絵を展示できることになったのです。

個展にはたくさんの地域の人が訪れてくれました。Iくんにとって貴重な経験になったのはもちろん、彼の力を引き出そうと努力をしてきたお母さんも生きいきとしていました。個展に来てくれた地域の人たちは、個性を発揮しながら自己表現しているIくんを応援しようと思ってくれたようでした。

障がいをもつ子どもたちが、積極的に町へ出て行き、少しずつ住民と関わっていくことで、お互いにより身近な存在なるのだと実感した出来事でした。

受け入れられることが、子どもたちの喜びになる

２０１７年には、さくらんぼの向かいにある民家を改装して、重症心身障がい児の多機能型事業所[※2]「さくらんぼ 星の家」を開所しました。

重症心身障がい児を受け入れる施設では、他の子どもと交流することは少ないようですが、車椅子で生活している星の家の子たちと、軽度の障がいがあるさくらんぼの子たちは日常的に交流しています。星の家には、胃ろうや呼吸器を使っている子もいます。さくらんぼの子どもたちは、そんな星の家の子たちを支えたいと思っているようです。重度の障がいをもつ子たちのほうは、大人だけではなく、自分と同じ目線の子どもと関わりがもてることが嬉しいようで、さくらんぼの子が来ると表情や体の動きが変わります。自分を受け入れてくれる存在を感じると、元気が出てくるのです。

星の家の子どもたちは、さくらホームのお年寄りとも交流します。認知症のお年寄りは、子どもたちの障がいの有無や度合いなどまったく気にしません。小学校の子ど

もたちに対しても、さくらんぼや星の家の子どもたちに対しても、同じように「よく来たね」と歓迎します。お年寄りたちは、重度の障がいをもつ子が電動車椅子で上手に素早く移動している様子を見て、「おおっ」と声を上げて拍手をしたりします。そして、

「ようやっとるなぁ。わしらも頑張らんといけんな！」

と言うのです。

子どもたち同士のふれあいに壁がないのと同様に、お年寄りと子どもたちのやりとりも、お互いを自然に受け入れているような印象があります。

そんな様子を見ながら、私たちは障がいをもつ子どもたちが「普通に受け入れられている」と感じる機会をできるだけ多くつくりたいと思うのです。

「どんなふうに接したらいい？」戸惑う地域の人たち

ただ、星の家の子どもたちは、地域の人たちにはすぐに受け入れてはもらえません

でした。重度の障がいがある子たちが、地域の行事やイベントに参加すると、住民たちはどう関わったらいいかわからないようで、どこか冷たい感じなのです。一見、健常者と変わらないさくらんぼの子どもたちと違い、星の家の子はあきらかに違うからでしょう。

お正月のお餅つきに子どもたちが参加したときは、地域の人たちからこんなことを言われました。

「哀れで見とられん。早く連れて帰ってくれ」

「もう連れてこんでくれ、楽しめんから」

地域の人たちの言葉を聞いたとき、私は悲しい気持ちにはなったのですが、彼らの「受け入れられない」感覚を完全に否定する気にはなれませんでした。

なぜなら、私もずっと前に同じような経験をしているからです。

理学療法士になるためにリハビリの専門学校に通っていたときのことです。私は最初の実習で重症心身障がい児の施設に行くことになりました。実習中は寮で生活し、施設の子どもたちと一緒に食事をとるのですが、私はご飯を食べることができませんでした。子どもたち食事の様子や唾液の匂いが気になって、気分が悪くなるのです。私は自分自身の反応がショックでした。

重症心身障がい児については勉強していたし、どんな子たちかも知っていました。でも、なぜか、そういう子どもたちと一緒に食事をとることができなかったのです。「なんで私はこんなに差別をしてるんだ……」と激しい自己嫌悪に陥りました。

しかし、1か月くらい経つと変化があったのです。匂いが気にならなくなり、食事もできるようになりました。自然と子どもたちに向き合えるようになったのです。

逆に彼らの笑顔に癒されるようになりました。私が子どもの車椅子を押して散歩をしているとき「私、先生に怒られてばっかりなんよ」と話しかけると、意味は理解できていないはずなのにニッコリと笑いかけてくれるのです。

そんな子どもたちと毎日ふれあっていると、一人ひとりが可愛くなってきます。そして、3か月の実習が終わる頃には、障がいをもつ子どもたちを「普通の子」だと感じるようになりました。

私は、障がいをもつ子どもと関わることで、相手への感情が大きく変わっていくという経験をしたのでした。そういう経験があるので、私は星の家の子どもを見て心が揺れる地域の人の気持ちがわかるのです。その気持ちを無理に変えようとは思いません。障がいをもつ子に関わっているうちに、自然と地域の人の気持ちは変わっていくはずだからです。

現に、お餅つきの場で「早く連れて帰ってくれ」と言っていた人は、数か月後に私と会って話したときに、「あの子は元気にしとるか」と気にかけていました。

少しでも関わると、相手の存在が心の中に残り、気になってくるのです。何度か関わって慣れてくると親近感が湧いてくるものです。

「関わること」と「受け入れること」は、確実につながっているのです。

障がいがあっても、どんどん町に出よう！

障がいをもつ子どもたちを受け入れてもらうには、地域の人が彼らと関わる機会をつくることが大切です。私たちはできる限り子どもたちを町へ連れ出し、地域の行事に参加するだけではなく、日常的に散歩もするようにしました。

最初は地域の人たちは子どもたちを見て戸惑っているようでしたし、外に出た子どもたちも緊張して体をグッとこわばらせていました。

しかし、慣れてきた地域の人が子どもたちに「こんにちは、今日は寒いねぇ」と挨拶をしてくれるようになると、子どもたちも緊張がほどけて表情も変わります。嬉しくて、気持ちが和らぎ、安心するのでしょう。そんな様子を見て私は、障がいをもつ子どもたちにどんどん施設の外で活動してほしいと思うようになりました。そうすれば、地域の人と関わる機会がもてますし、子どもたち自身の世界も広がります。

最近、同じ信念をもって活動をしている人たちと出会いました。それぞれ異なる分野で活躍されている方々です。生きづらさを抱える子どもたちを支援する仕事をしていて、さくらホームの取り組みに興味をもち、鞆の町に魅力を感じてわざわざ訪ねてきてくれるのです。

そんな同志たちの活動をご紹介しましょう。

公益社団法人「難病の子どもとその家族へ夢を」の代表である大住力さんは、難病の子どもとその家族を旅行に招待する「ウィッシュ・バケーション」という活動を行っています。２０１５年から鞆の浦がその旅先の1つになっています。

大住さんは機会があってここを訪れたとき、「鞆の浦は難病の子どもだけではなく、その子を支えている親たちを元気にしてくれるような町だ」と思ったそうです。

鞆の人が見慣れない人にも車椅子の子にも、気軽に挨拶をしたり声をかけたりすることが印象的だったそうで、そんな地域の人とのふれあいが、ウィッシュ・バケーションの参加者を癒すのだと大住さんは教えてくれました。

大住さんたちは、毎年、鞆の花火大会の日にウィッシュ・バケーションの参加家族を鞆に招待します。そのときは、鞆の人たちがいろいろなサポートをします。さくらホームは、地域の人たちと一緒にバーベキューをしながら参加家族の皆さんに花火を見てもらいます。鞆こども園では参加家族を園に招き、園児がお抹茶をたてておもてなしをします。そんなささやかなふれあいを、家族の皆さんは喜んでくれるのです。

難病や障がいをもつ子どもやその家族は、一般的な社会生活を送ることがどうしても制限されてしまうので、地域の人に「普通に」受け入れられることがとても嬉しいそうです。

大住さんたちは『GIVEN～いま、ここ、にあるしあわせ～』という難病の子どもをもつ家族のドキュメンタリー映画を製作しており、私は鞆で何度かこの映画の上映会を催しました。この映画で、障がいや病気を抱えている子どもや親たちの気持ちがわかるので、できるだけ多くの人に観てもらいたいと思ったのです。映画の上映会と一緒に、大住さんに講演をしてもらったこともあります。病気についての知識を得たうえで難病の子と関わりをもつと、より相手を受けとめやすくなります。知識と体感の両方が必要なのです。

多様な人が当たり前に過ごせる町へ

最近、また新たな出会いがありました。福山市に住む歯科医の猪原ご夫妻の紹介で知り合った、オレンジホームケアクリニックの紅谷博之先生です。

紅谷先生は福井県で在宅医療専門のクリニックを開業していて、どんな病気を抱えていても自宅で過ごせるよう環境づくりに力を入れています。また「オレンジキッズケアラボ」という一般社団法人を立ち上げ、医療ケアが必要な子どもたちの社会活動を支援する活動も行っています。

紅谷先生も大住さんも、私たちと同じように、障がいをもつ子どもたちをもっと地域で受け入れてほしいと思っている方です。

そのための活動の一環として、大住さんの「難病の子どもとその家族へ夢を」と紅谷先生の「オレンジキッズケアラボ」が鞆の町でコラボレーションをすることになりました。大住さんと紅谷先生が支援している難病の子どもたちとその家族、合計16人が鞆に滞在し、町へ出て地域の人たちと一緒に過ごしました。このコラボレーションには、摂食嚥下を専門とする猪原先生をはじめ、医療の専門職の方々が関わってくれたので、サポートをしているさくらホームにとってもよい経験になりました。

重度の障がいをもつ子どもたちが町で過ごすには、やはり専門のケアができる人が必要です。対応に慣れている医師や看護師がそばにいてくれるからこそできることがあると感じました。医療スタッフがいてくれたおかげで、子どもやご家族の皆さんは安心して鞆の滞在を楽しむことができました。

一部の地域の人たちは、参加家族に積極的に関わってくれました。また、町の中に障がいをもつ子どもたちがいる様子を何となく見ただけの人にとっても、そういう子どもたちの存在が少し心に残ったはずです。障がいをもつ子たちと住民たちが関わる場をつくることで、住民は彼らを受け入れる準備ができます。大事なのは焦らず時間をかけること。小さな活動を積み重ねることで、少しずつ地域共生の文化が育っていくのだと思っています。

ノーマライゼーションは「普通」の社会をつくること

今後の取り組みとして、私たちは障がいをもつ子が学校を卒業したあとに働く場所をつくろうと考えています。

2019年からさくらホームは「燧治《ひうちゃ》」というゲストハウスを始めました。地域の人のためのフリースペースとしても活用することにしており、運営はスタッフの業務の1つになります。

いずれ、さくらんぼの卒業生を雇用する予定ですが、障害者就労継続支援事業※3ではなく、一般雇用として考えています。さくらホームには作業療法士がいるので、ジョブコーチ（職場適応援助者）として障がいをもつ人を支えることができます。作業療法士のスタッフが一緒に働くことで、彼らに「普通に」働いてもらえるのではないかと思っています。

障がいをもつ人が当たり前に鞆の町で暮らし、働くことができる環境をつくりたいという想いがあるのです。そのために、私たちは介護以外のスキルを身につける必要があります。その第一歩がゲストハウスです。宿泊施設の運営や障がいをもつ人への職場支援など、できることをどんどん増やしていくつもりです。

ノーマライゼーションや地域共生のまちづくりというと「理想社会」をつくることだと感じるかもしれません。でも私たちが目指していることは、いろいろな人が町で普通に過ごせる環境をつくることです。それは理想というよりは、当たり前の社会だと思うのです。

障がいをもつ子もない子も一緒に遊ぶこと。地域の人が車椅子の子に挨拶すること。町のお店に障がいをもつ人がいること。本来、これらは特別なことではないはずです。障がいをもつ人に対して何か特別なことをする必要はありません。特別なサポートは専門職に任せて、普通に声をかけ合うだけでいいのです。それが相手の存在を認めるということではないでしょうか。ノーマライゼーションを目指すには、まずはいろいろな人がいて当たり前という感覚をもつことだと思います。赤ちゃんも、妊婦さんも、障がいをもつ人も、病気を抱えている人も、認知症のお年寄りも普通に町にいる。必要なときに手助けをし合うのが当たり前。大変なことはプロに支援をお願いする。鞆の町では、そんな感覚が育ってきているように感じます。

たとえば、20年前は、地域の神社に車椅子の人が来たら「どうしてこんな場所に来るのか」「特別な対応をしなければ」という雰囲気になっていました。

今、同じことがあると、若者でも年配の人でも近くにいる人が自然に手を貸して、車椅子を抱えて石段を登るのです。体の不自由な人が神社に来ても不思議ではないし、できることは普通にするといった感覚です。

そういった感覚が町に浸透していけば、それが町の文化になります。子どもの頃からその文化にふれていれば、いろいろな人が町にいて当然と感じるようになるでしょう。そして、住民同士が受け入れ合うだけではなく、訪ねてくるさまざまな人を受け入れることのできる、懐の深い町になっていくのではないでしょうか。

※1　6歳から18歳までの身体障がいや発達障がいがある子どもたちが、放課後や長期休暇中に療育を受けることができる施設。

※2　医療ケアが必要な重度の障がい児を対象とした児童発達支援や放課後等デイサービスなど、1か所で複数のサービス提供をする施設。

※3　通常の就職が困難な障がい者に対し、就労の機会を提供するとともに必要な訓練を行う事業。雇用契約を結ぶ「A型」と、雇用契約を結ばない「B型」がある。

地域の人たちと一緒に神輿をかつぐ

第5章　地域共生を志す人へ

地域づくりを目指す介護職に伝えたいこと

私たちが地域共生のまちづくりを続けるなかで確信しているのは、まずは介護職が「地域化」することが不可欠だということです。町の中にいろいろな人の居場所をつくるための第一歩は、支援が必要な人をケアできる介護職が「地域の中へ入ろう」という意識をもつことなのです。

しかし、このことを講演などで学生や専門職に伝えても、うまく伝わらないことがあります。講演の主催者によると「地域という言葉にピンとこない人が多い」のだそうです。地域の中での関わり合いや助け合いとはどんなものか、なぜそれらに価値があるのかがよくわからないのだと言います。確かに、地域の中での交流を経験していないと、その価値がわかりにくいかもしれません。私自身も、鞆の人たちと深く関わるようになるまでは、住民同士でつながることの豊かさを実感できていませんでした。

けれど「地域で」の価値を理解することは、介護においてとても重要なことだと思うのです。介護とは相手の人生を支えることであり、生きる意欲をもち続けられるようにサポートすることです。人が生きる意欲をもつのはどんなときでしょうか？　私は、まわり人との関わりをもっているときだと感じます。人とのやりとりのなかで、喜びや安心感、幸福感が生まれるのではないでしょうか。

人間関係は学校や会社などでも築くことができますが、最後に残るのは住んでいる場所――身近な「地域」での人間関係です。地域の中で人と関わる機会があり、自分の居場所があり、自分の存在が誰かの心を動かしていることに気づくと、それが生きるための活力になるのです。だから、私たち介護職が地域に目を向け、どんな人にも居場所がある地域をつくることが大切です。地域にいてこそふれられる人の温かさがあるからです。

どんな人でも居場所がある地域とは、支援が必要な人を住民が自然に受け入れ、「相手に助けが必要なら、できる範囲で手を貸すのが当たり前」という文化がある町です。そういう町の住民には、きっと多様な人を受け入れる度量の広さがあり、支援の必要な人を手助けするための知識があり、対応力やコミュニケーション力があることでしょう。そんな町や地域のことを、ある大学教授は「ケア付コミュニティ」と表現していました。住民が高齢者や障がい者を受け入れ、ちょっとした支援をしながらともに過ごしているコミュニティです。もちろん、頼れるプロの専門職が身近な存在としてそばにいることが前提です。

自分が住んできた地域がケア付コミュニティになれば、住む場所がどこであっても、ずっとその地域に居場所を持ち続けることができます。自宅で暮らし続ける人も、特別養護老人ホームやグループホームに入居した人も、サービス付き高齢者住宅に住む人も、好きなときに町へ出て行き、地域の人たちと関わることができるのです。コミュニティの中で過ごしたいと思う人が、疎外感を感じることなく、普通に受け入れてもらえるということです。

そういう地域をつくるために、介護職が地域の中にどんどん出ていって、「頼れる存在」となり、どんな健康状態であっても地域で豊かに過ごすことができるのだと実感してもらうことが必要なのです。

地域での介護を充実させることで得られるもの

鞆は少しずつ、ケア付コミュニティ――どんな人でも居場所がある町へと変化しつつあります。この変化によって、「支援が必要な人」「地域住民」「地域の介護職」がそれぞれに何を得たかについて、あらためて考えてみました。

「支援が必要な人」にとっては、生き方の選択肢が増えたのではないでしょうか。15年くらい前までは、多くの場合、支援が必要になった人はこの町で暮らしたいという想いがあっても最終的に町から離れた介護施設に入居し、残りの人生のほとんどを施設内で過ごしていました。

今は、生活のサポートや医療ケアが必要になっても、本人が希望する限り、この町で暮らし続けられるようになっており、地域の人とのふれあいに喜びを感じながら、最期まで豊かに暮らすことができています。

では、「地域住民」は何を得たのでしょうか。

介護職が住民と信頼関係をつくり、地域での介護にともに関わっていく過程で、自然と住民の互助の精神が高まりました。互助の精神は、住民同士の連帯感や結束力、自主的な見守りや関わりにつながっています。

さらに「安心感」も住民が得たものの1つではないかと思います。介護職が、お年寄りのこれまでの生活や人間関係を大切にしながら、その人の暮らしを支えているのを見て、地域の人たちは、「この町なら、たとえ認知症になってもみんなが支えてくれる」と安心感を覚えるようになったようです。

私たちは、認知症が進行して歩行や会話がうまくできなくなった利用者さんを「いきいきサロン」へお連れするのですが、地域の人たちは普通にその人に話しかけ、一緒に過ごします。

あるとき、そんな対応について地域の人たちに話すと、

「ええんよ。私らのほうこそね、○○さんがこうやって大事にされてるのが嬉しいんよ。いずれ自分の行く道だしね」

と言ってくれました。

彼らにとって、地域の中で支援が必要な人を支えることは、もはや「他人事」ではなくなっています。そして、介護職を頼りにするとともに、自分たちも支え合っていこうという意識をもっているのです。住民が地域での介護に協力してくれるようになったことで、私たち介護職が得たものも大いにあります。まず、地域の人たちができる範囲で利用者さんに関わってくれることで、利用者さんは親しい人とふれあうからこそ得られる喜びを感じることができます。そんな喜びが利用者さんの心を安定させ、認知症の症状が軽減したり、身体機能を改善するリハビリへの意欲が湧いてきたりすることが多々あります。

これは「相手の歩んできた人生を活かす介護」であり、介護職だけで介護をしているときよりも、より相手を尊重することができるようになります。

また、介護職がすべてを抱え込むのではなく、地域の人たちとともに支援が必要な人を支えようとするので、介護職が精神的に追い込まれるのを避けることができます。

もちろん地域の人と一緒に支えることで、スタッフが配慮したり気を使ったりすることも増えるので、葛藤や模索もありますが、それ以上に感動や喜びがあります。利用者さんの普段の表情と、地域の人とふれあっているときの表情の違いに初めて気づいたスタッフは「こんなに変わるんだ！」と感動します。

また、新しい利用者さんと関わるたびに、スタッフはその人とまわりの人とをつないでいきますが、地道に住民との人間関係をつくってきたおかげで、人と人をつなぎやすくなっていることに気づき、喜びを噛みしめたりもします。

さらに、地域の人と協力しながら支援を続けている利用者さんから、

「人生あきらめとったけど、あんたらがおるから、わしは生きていける」

と言われたりすると、本当に嬉しく、自分たちの仕事にやりがいや誇りを感じます。

地域の一員として、地域の介護に責任をもつという役割を果たしながら、たくさんの人と喜びを分かち合うこの仕事が、楽しくてしょうがないのです。

介護施設が実践するべき3つのポイント

私たちは15年間、地域共生のまちづくりを目指す介護を実践してきましたが、そん

な介護をするうえで押さえておくべきことが見えてきました。
ポイントは3つあります。

1. 地域の課題と資源を客観的に把握する

現在地域の中で問題になっていることと、地域の中にある社会的資源をきちんと認識するということです。たとえば、さくらホーム開所当時、私は地域の課題を次のように考えていました。

課題……支援が必要になった人の居場所がない
資源……昔ながらの地縁が残っており、お互いを気にする濃い人間関係がある

支えようとする地域全体を客観視して課題や資源を把握できると、明確な行動指針ができます。私は、課題を解決するためには、介護職が地域の資源を活用するような働きをしなければならないと考えました。利用者さんのケアだけに注力していると、なかなかこの視点が生まれません。そして、この視点がないと地域が変わっていくことはないのです。課題や資源を認識するためには、町を観察し、町の活動に参加し、

地域の人と対話することが必要です。

2．介護職から「力を貸してくれませんか」とお願いする

お伝えしてきたように、地域共生は地域の人たちの協力なくしては実現しません。だから私たち介護職は、地域の人に協力をお願いできなければなりません。そのためには、「介護職は力を貸す側」という意識をいったん脇におく必要があります。すべてを自分たちの力でなんとかしようと思うのではなく、「どうか地域の力を貸してください」という姿勢で地域に入っていくのです。そうすると、地域の人たちは手を貸してくれるようになり、介護職はより充実したケアができます。そんな介護の様子を見て、地域の人は介護職を頼りにしてくれるようになり、さらに積極的に地域での介護に関わってくれる、という好循環が生まれるのです。

3．必要なことをスタッフで役割分担する

地域共生を実現しようとすると、さまざまな役割が必要になってきます。

地域の人たちに働きかけて協力をお願いする人、利用者さんと向き合って一人ひとりの暮らしを支えるケアをする人、そして組織としての介護施設を経営管理する人がそれぞれに必要です。

さくらホームの場合は、地域に向かって発信する役割は私が担当しました。ケアについては主幹スタッフが中心となって理念に沿った介護を実践し、経営管理は夫が担当しています。

ある介護関連メディアの記者さんがこう話してくれました。

「今、全国でさまざまな取り組みが行われていて、まちづくりや地域でのケアは、それぞれがうまくいっているところはたくさんあります。でも、両方ともうまくいっているのは、鞆の浦くらいではないでしょうか」

もしそうであるなら、それができている理由は私たちが一つひとつの役割をしっかり分担し、自分の役割を精一杯果たしてきたからと思います。

地域共生のまちづくりは鞆の浦だからできている？

取材で鞆に来た記者さんたちから「さくらホームの取り組みは、鞆の浦以外でもできると思いますか？」と聞かれることもあります。

そういう記者さんは、家と家が近く近所の人と関わりをもちやすい鞆の住宅環境や、鞆の人の優しさや人懐っこさ、地縁関係の濃さ見て「鞆だからできたのではないか」と思うのでしょう。

もちろんこれらの要素が、鞆の地域共生を後押しすることになっています。

しかし、鞆以外の土地で私たちのような地域共生の取り組みができないとは思いません。町内会の仕組みや、ご近所付き合いが少しでも残っている地域なら、介護職の意識次第で地域共生は実現できると思います。

実際に、さくらホームの元スタッフが、土地柄も文化も鞆とは異なる山沿いの地域に介護施設を開設し、認知症デイサービスを行っていますが、最初から意識的に地域の人とともにつくる介護を実践しています。

スタッフが地域に入っていき、地域の人と積極的にご近所付き合いをするのです。たとえば「利用者さんの囲碁の相手ができる人はいませんか」と町内会長さんに声をかけて人材を探してもらったりしています。介護職がすべてを抱えるのではなく、地域の人たちに弱みを見せてお願いしているのです。逆に「腐葉土がほしいけれど、山へ取りに行く体力がない」という地域の人を、若年性認知症で体力のある利用者さんと一緒に手伝うこともあるようです。

このように、介護職が「支えてもらいながら支える」という姿勢で地域の人と関わっていると、住民の中に地域共生の意識が芽生えていきます。

これは、さくらホームとは違うアプローチですが、スタッフ自身が「地域化」を意識しているというところが同じです。スタッフが地域に入ろうという意識さえあれば、その土地の文化に応じて、地域共生のまちづくりは実践できるのです。

自分のビジョンを言葉にし続ければ、仲間ができる

もちろん町はすぐには変わりません。でも私の経験上、地域の人の３％が介護職に協力してくれるようになったら、町は変わります。支援が必要な人が町に出たときに「居場所がある」と感じる町になるのです。介護職が地域に出ても、最初は関心をもってくれる住民は少ないでしょう。協力をお願いしても断られることがほとんどだと思います。それでも挫けずに、自分の理念やビジョンを伝え続けてほしいのです。

私は自分のビジョンをいろいろな人にどんどん伝えてきました。「夢みたいなことばっかり言って……」「そんなこと無理よ」と言われても気にせずに、自分の目指すことを言葉にしてきたのです。そうすると次第に仲間が増えていきました。自分と同じ専門職や、町内会長、地域のお世話好きなおじさんやおばさんなど、ともに地域での活動に取り組んでくれる人たちと出会えたのです。地域での活動に一緒に取り組んでくれている人たちの共通点は「人が好き」なこと。人に対して興味があり、人と関

わることを楽しんでいます。彼らは私の理念に共鳴してくれると同時に、進む方向を軌道修正してくれました。

仲間たちと一緒に活動を続けるうえで大切なのは、時間がかかることを覚悟しておくこと。効率的・理想的に物事を進めようとするのではなく、「それでもいいじゃないか」という寛容な視点をもつことです。

また、地域の中で活動をしていると、住民との間にトラブルが起きたり、苦情がきたりします。でも、それらは「問題」ではなく「チャンス」です。

トラブルや苦情にきちんと対処することで、自分たちの姿勢を理解してもらえるのです。クレームを言ってくる人に丁寧に対処することで、その人が協力者になってくれることだってあります。

新たな課題に住民と取り組む――鞆の浦まちづくり塾

仲間が増えていくと、より大きな地域の課題に取り組んでいくことができます。

鞆の浦まちづくり塾。移住してきた若者も多く参加

現在の鞆の大きな課題の1つは人口の減少です。私は、鞆に住む人が減っているのは町の魅力が見えなくなっているのも1つの原因だと感じていました。そこで私たちは、鞆の魅力を内外に発信するために「鞆の浦まちづくり塾」というワークショップを地域の人たちと一緒に始めました。住民をはじめ、鞆のまちづくりに興味がある人なら誰でも参加できる塾です。主な内容は、地域の人による鞆の歴史・文化についての講座や、ご近所福祉クリエーターの酒井保さんをはじめとした地域福祉の分野で活躍している方々を招いてのディスカッション、鞆の地域共生ケアを体験できるさくらホームの介護実習などです。他にも塾生は住民と一緒に古民家の再生に取り組んだり、準備段階から祭りに参加したりしました。

住民は鞆の文化を塾生に教えたり、祭りの準備で塾生に指示や説明をしたりするので、あらためて鞆のことを深く見つめ直すことになりました。鞆に滞在し、さまざまな体験をした塾生たちは、「鞆のここが素晴らしい」と、新たな視点で鞆の魅力を言葉にしてくれました。それを聞いて、住民は鞆のよさを再認識することになったようです。さらに、鞆の人たちの温かさや鞆での介護を深く知り、鞆の町に自分の居場所を見出した塾生が、何人か鞆へ移住して来ました。

超高齢社会の鞆へ若い移住者たちが来てくれたことは、どれだけ住民を勇気づけてくれたことでしょう。鞆の浦まちづくり塾は、住民たちの地元に対する誇りを高めることにつながったと思います。

「超高齢化」は地域共生を実現するチャンス

今、鞆の浦では、支える人と支えられる人がいるのではなく、介護職も住民も「支えもすれば、支えられもする」という意識になっていると感じます。介護職が支えられることもありますし、今誰かを支えている人でも、いつかは自分も支えられることになると思っています。同じ町でともに生きているのだから、それが当たり前という感覚です。

就業人口の多い都市部では時間に余裕がある人が少なく、住民同士のつながりも希薄になるため、なかなかこのような感覚はもてないかもしれません。鞆の町はすでに超高齢化しており、お年寄りの一人暮らしや高齢者世帯が多く、住民は誰かとつながることの必要性を痛感しています。

とりわけ75歳以上の元気な高齢者の方々は、「つながろう」という意識をもって積極的に地域のサロンや介護予防体操に参加し、支援が必要な人に対して声かけや見守りをすることで、私たち介護職を支えてくれます。そんな〝高齢者〟のみなさんがいてくださるからこそ、私たちは地域共生のまちづくりを目指して活動を続けることができるのです。

一人暮らしや高齢者世帯が多いというとマイナスのイメージをもつかもしれませんん。けれど実際は、利用者さんが家族と離れて暮らしているほうが、より利用者さんの想いに寄り添える介護ができることも多いのです。

遠方に住む家族としっかりコミュニケーションをとっていると、こちらを信用してくださって、ある程度おまかせいただくことになる場合がほとんどです。そうすると、利用者さん本人が望む暮らし方や支援にフォーカスすることができます。

生きる意欲は人とのつながりでしか生まれません。これまで何度も書いてきましたが、利用者さんらしさを大切にしながら地域でのつながりを生かす介護は、社会参加が当たり前の支援になってくるのです。

そんな支援をしていると、特に高齢の住民の方は、それを自然なこととして受け入れ、支える喜びを感じているように思います。介護職は、地域の中では利用者さんが想定外の生活力を発揮する場面に日々遭遇します。その感動を職員間で共有することで仕事がおもしろくなってくるのです。もちろんアクシデントや個々の複合的課題もありますが、それを住民と相談しながら乗り越えることが、介護に携わる者としてやりがいや喜びになっていきます。地域共生だからこその好循環が生まれています。

そう考えると、超高齢社会は嘆くべきことではないと思いませんか？

高齢者の増加や、お年寄りの一人暮らし・高齢者世帯の増加がプラスの要素になるのですから。むしろ、超高齢化は相手のことを認めて受け入れ、一人ひとりがつながる社会、それぞれの人ができることを果たしながら、支え合って生きる社会をつくるチャンスなのではないでしょうか？

私たち福祉職は地域からケアを切り離してしまいました。今、ケアを地域に戻しているような感覚があります。地域の受け皿が大きくなって、排除感がなくなっていく。地域住民の支える力と専門職の支える力をつなぐのが、この仕事のおもしろさです。
今後は、介護に関わる私たちが、専門職間での連携に留まらず、縦割り制度から脱していく必要があります。発想の大転換をして、地域住民と積極的に関係性を築きながら、地域共生のまちづくりを目指せば、誰もが当たり前に住み続けられ、誰もが幸せを感じられる社会をつくることになるのです。

さくらホームの１泊旅行、いまでは地域の人たちも一緒に出かける

◉解説

ご近所福祉クリエーター　酒井　保

「暮らしぶりを守る」ということ

多くの人が「介護施設に入居している人の暮らしの支援は、そのすべてを施設で働くスタッフが行うべきだ」と思っているのではないでしょうか。それ以前に、そこに暮らす人たちのことを「私たちと同じ地域住民だ」と思っていないのではないでしょうか。

羽田さんの透きとおった介護観は、この疑問から始まっています。この疑問が羽田さんの地域とつながることへのコダワリの起源になっているのだと思います。

鞆という地域に暮らし、そこで老いていく人たちの「暮らしぶりを守る」ことがさくらホームの役割であり、そのことを貫こうとしたとき地域と向き合うことの大切さに気づいたのだと、羽田さんは僕に話してくれたことがありました。こうした羽田さんのコダワリは、スタッフに伝染し、さらには地域住民へと伝染しているようです。

そのことを感じたのは、本文にも紹介されている鞆の浦まちづくり塾で、地域踏査をした際に地域リーダーさんから伺った「鞆にゃあ、昔ながらの祭りがようけ残っとります」という話でした。「道の辻にある小さな祠の祭りから、毎年、または4年周期や7年周期で巡ってくるような大きな祭りなんかを全部をあわせると年間75日もの祭りがあるんよ。祭りの準備じゃゆうて人が集まる。終わりゃあ終わったで反省会じゃゆうて人が集まる。で、その昔ながらの祭りを守っていこうとしたとき、それらの段取りに詳しいのは、やっぱり地域の年寄りということになるじゃろ。〝この祭りのことは、〇〇のじいさんに聞かんとわからんで〟と。たとえその〇〇のじいさんが要介護状態にあろうとも、ワシらぁは容赦せんのよ。〝おい！ 〇〇のじいさん、ちょっと知恵を貸してくれ！〟と、要介護状態じゃろうがなんじゃろうがおかまいなしじゃ。でも、そうやって年寄りを立てることが本人を元気にさせるんじゃと。そういうことを教えてくれたんは、さくらホームなんよ」

このことを僕は「さくら伝染」と言っています…（笑）

つながりを切らない介護

多くの場合、施設に入居する際には「これまでの暮らし」を捨てなければなりません。そして入居するなり「これからの暮らし」を強いられることになります。「これまでの暮らし」を続けていくためには、その暮らしが育まれた「地域」とのつながりを切らないようにしなければなりません。羽田さんのコダワリである「暮らしぶりを守る」とは、地域とのつながりを切らないということなのです。

「そんなアホなことはないよね！　本人の暮らしは地域の中にあるのよ！　専門職が本人と地域との関係を切ってしまうって、どういうこと？」羽田さんとの介護談義の中で必ず出てくるフレーズです。

地域とつながることの意義やその大切さの根拠が、現場スタッフと共有できないときもあります。そんなとき、羽田さんは現場のスタッフに容赦なく次の言葉を浴びせかけます。

「そんなこともわからんの？　専門職が！」

地域とつながることの意義やその大切さの根拠を理解しあうために「スタッフの〝地

域化〟」という言葉を羽田さんは唱えています。本人の暮らしは、さくらホームの中にあるのではなく、これまで生きてきた地域にあるのだという介護観をこの「スタッフの〝地域化〟」という言葉に見ることができます。

さくらホームと鞆に暮らす地域住民がお互いの役割を認め合うことで、支援の対象となる本人の暮らしぶりが守られている……。これは、現実のお話です。

この本を拝読した僕は今、次の疑問を抱えています。

さくらホームが地域を変えていったのか？

それとも、地域がさくらホームを変えていったのか？

おわりに

私の尊敬している「富山型デイサービス　このゆびとーまれ」の惣万佳代子さんは、「介護とは尊厳を持って生活するその人の生き方を支えること、その人の望みを叶えること」と言われています。

私はこの考えにとても感銘を受け、仕事をするうえでの指針となっています。これは、つまり「相手の幸せを考えること」ではないでしょうか。どうすれば目の前の人が幸せを感じるのかを考えながら介護することが大切だと思うのです。そんな介護をすることが、地域共生のまちづくりにつながっていきます。

「鞆の浦・さくらホーム」「さくらんぼ」、そして私の故郷の兵庫県相生市で運営している「さくらホームおおの家」の福祉・介護スタッフは皆、悩みながらも地道に相手の幸せを考える支援を実践してくれています。本当に感謝の思いしかありません。ありがとう。

まちづくりを目標に掲げて、介護の「地域化」を提案したのは私かもしれませんが、それを実践し続けてくれているのは現場のスタッフです。時には私が「どうしてそこまでするの？」と思うほど、スタッフは真摯に利用者さんの幸せを考えて、できる限りのことをしています。

なぜ、そこまでするのでしょうか？　私はスタッフの様子を見ていて気づきました。相手を幸せにする介護をしていると、相手の喜ぶ顔を間近で見ることになるからです。その人らしく過ごしているときの楽しそうな様子を目のあたりにするからです。そうすると、スタッフも嬉しくなります。やってよかったと思うのです。

さらにそれを見ている地域の人も嬉しくなるようで、スタッフを応援してくれるようになります。介護の本質は人を幸せにすることです。幸せを考える介護は、利用者さんだけでなく、介護職も、周囲の人をも幸せにするのです。これからも、周りに幸せが広がっていくような介護を目指していきたいと思います。

本書の執筆にあたり、さくらホームの活動を取材してくださった方の書籍や論文をあらためて読ませていただきました。福山市立大学の牧田幸文先生、横浜国立大学の細田暁先生をはじめ、専門家の先生方が学術的な視点で評価をしてくださったことで、自分たちの目指すものを再確認することができました。心より御礼を申し上げます。

また、解説を執筆してくださった、ご近所福祉クリエーターの酒井保さんは、さくらホームの活動を深く理解してくださっている方です。常に励まし、勇気づけてくださって本当に感謝しています。

そして、同じ介護業界で志をともにしている皆さん、いつも応援してくださってありがとうございます。私たちの想いが詰まった一冊になりました。一人でも多くの方に本書が届くよう願っています。

2019年9月

羽田富美江

著者プロフィール

羽田冨美江（はだ・ふみえ）

鞆の浦・さくらホーム代表
理学療法士、介護支援専門員、認知症介護指導者
1956年兵庫県相生市生まれ
2004年4月さくらホームを開所。現在は、地域密着型デイサービス、小規模多機能サービス、居宅介護支援事業、放課後等デイサービスのほか、駄菓子屋、お宿&つどいの場等を運営。全国各地での講演活動も精力的に行っている。

鞆の浦・さくらホーム
〒720-0201
広島県福山市鞆町鞆552番地
TEL 084-982-4110
http://www.tomo-sakurahome.net/index.html

超高齢社会の介護はおもしろい！
－介護職と住民でつくる地域共生のまち－

2019年12月3日　初版第1刷発行

著　　者：羽田冨美江
発　　行：ブリコラージュ
〒171-0021　東京都豊島区西池袋5-26-15
久保田ビル2F　七七舎
TEL 03-5986-1777　FAX 03-5986-1776
http://www.nanasha.net/
発　　売：全国コミュニティライフサポートセンター
〒981-0932　宮城県仙台市青葉区木町16-30
シンエイ木町ビル1F
TEL 022-727-8730　FAX 022-727-8737
http://www.clc-japan.com/

編集協力：豊原美奈
装幀・装画：石原雅彦
印刷・製本：モリモト印刷株式会社
ISBN 978-4-907946-17-3